José María Llanas Aguilaniedo

NAVEGAR PINTORESCO

edición crítica
Isabel Clúa

- STOCKCERO -

Foreword, bibliography & notes © Isabel Clúa
of this edition © Stockcero 2014
1st. Stockcero edition: 2014

ISBN: 978-1-934768-75-4

Library of Congress Control Number: 2014943580

Set in Linotype Granjon font family typeface
Printed in the United States of America on acid-free paper.

Published by Stockcero, Inc.
3785 N.W. 82nd Avenue
Doral, FL 33166
USA
stockcero@stockcero.com

www.stockcero.com

José María Llanas Aguilaniedo

NAVEGAR PINTORESCO

Indice

INTRODUCCIÓN

JOSÉ MARÍA LLANAS AGUILANIEDO: DECADENCIA Y DEGENERACIÓN

Como es bien sabido, el período que cierra el siglo XIX y se adentra en las primeras décadas del XX ha sido reconocido por la crítica como una época de especial esplendor creativo e intelectual, hasta el punto de ser considerado la Edad de Plata de la literatura española[1]. Pese a los numerosos estudios dedicados a este período, no ha sido hasta hace relativamente poco que la figura de José María Llanas Aguilaniedo (Fonz, 1875-Huesca, 1921) ha empezado a llamar la atención como una pieza clave para entender la cultura literaria finisecular, mucho más compleja de lo que la historia de la literatura española tradicional ha planteado con su radical –y por fin desacreditada– distinción entre modernismo y noventayochismo[2].

Farmacéutico de profesión, el desempeño profesional de José María Llanas Aguilaniedo le lleva a Barcelona, Sevilla y Madrid, ciudades en las que frecuentará tanto círculos literarios modernistas como instituciones científicas –por ejemplo, el Ateneo de Madrid– en las que se familiariza con las discusiones en torno a la degeneración, la psiquiatría y la criminología, temas de auténtica relevancia en la época. Fruto de esos intereses variados deja tras de sí una obra heterogénea y heterodoxa. Por un lado, incluye trabajos orientados a la criminología y el higienismo, como *La mala vida en Madrid* (1901), coescrito junto a Constancio Bernaldo de Quirós, o el opúsculo «Correspondencia de fenómenos entre el alcoholismo agudo y el crónico» (1899-1900), publicado en los *Anales del Laboratorio de Criminología*, así como numerosos artículos de tema científico en revistas especiali-

---

[1]   Son ya muchos los trabajos académicos que han acometido la labor de revisar el período finisecular cuestionando su reducción a escuelas contrapuestas y apostando por una continuidad entre temas y estilos. Entre ellos, son de obligada referencia Gullón (1969, 1990), Cardwell y McGuirk (1993), Harrison y Hoyle (2000) y Mainer (1975).

[2]   El más completo estudio sobre Llanas Aguilaniedo es, sin duda, el de Broto Salanova (1992). Otras aportaciones básicas son Ara Torralba (1990), Calvo Carilla (1992), Cardwell (2000), Del Pozo (2011, 2013 a, 2013 b), Fillière (2010) y Pitarch (2003 a y 2003 b).

zadas como el *Boletín Farmacéutico*. Por otra parte, se adentra en el
ámbito de la discusión estética, con su indispensable *Alma contemporánea* (1899). Y finalmente, desarrolla obra de ficción con tres novelas:
Del jardín del amor (1902), *Navegar pintoresco* (1903) y *Pityusa* (1907),
en las que están presentes la veta científica y la estética en unas na-
rrativas morosas, con tramas sutiles que apuntan a las formas más
renovadoras de la literatura del período. En esta línea, y de manera
significativa publica también en revistas destacadas en la difusión de
los nuevos escritores, como *Juventud*, *Electra* o *Revista nueva*.

La obra de Llanas, pues, es un corpus donde se cruzan términos,
intereses y orientaciones aparentemente contradictorios, como ya en
su momento percibieron sus contemporáneos, por ejemplo, el también
novelista Felipe Trigo, quien se refiere al autor en estos términos:

> [Llanas] es un yo partido, por desgracia, en dos, contradictorio, en
> cuyo corazón informemente se van sedimentando sobre los fervores
> místicos de la cuna los extravíos místicos modernos, y en cuyo ce-
> rebro, abierto a la verdad, vanse incrustando de la verdad todos los
> pedazos angulosos y no bien limpios de error que le llegan al azar
> de fuera: un ser inarmónico, dual, en quien ni el materialismo cien-
> tífico cobra fuerzas para desterrar al idealismo, ni éste las tiene más
> que para refugiarse en la «víscera sensible» y disparar sus protestas
> hacia la inteligencia aturdida con la anárquica invasión del mate-
> rialismo científico. Si no fuese tosca la comparación, yo diría que
> esa dualidad en un ser parécese a un gato y un perro atados por el
> rabo, que corren estorbándose, cuando a correr se deciden, y se
> paran y no llegan jamás ni adonde quiere el uno ni adonde quiere
> el otro, por volverse mutuamente en fiera e irreconciliable lucha.
> (12-13)

Hay que matizar, no obstante, las palabras de Trigo: la excepcio-
nalidad de Llanas radica en la intensidad de su contradicción y no en
la contradicción misma, pues la contradicción entre cientifismo e idealismo, entre la objetividad del positivismo y una sensibilidad des-
atada, permean toda la cultura de la época. Como apuntaba Rubén
Darío, a finales de siglo XIX, la literatura había abrazado la fisiología
y la medicina[3] y eso mismo había ocurrido con la crítica literaria, muy
especialmente, la crítica antimodernista, que se articuló en su tota-

---

3   «Cuando la literatura ha hecho suyo el campo de la fisiología, la medicina ha tendido sus
     brazos a la región oscura del misterio». (Darío 1950, 456)

lidad a través de conceptos en los que colisionaban términos provenientes de la literatura y la crítica cultural (decadente) y términos provenientes del campo científico (degeneración, enfermedad, patología...) siguiendo el mismo movimiento que se había producido a nivel europeo[4]. Son estos dos hilos los que se entrecruzan en la obra de Llanas Aguilaniedo y los que conviene aclarar para comprender sus características generales.

LA DEGENERACIÓN COMO CATEGORÍA CULTURAL

La centralidad del vocabulario vinculado a la enfermedad en la crítica española finisecular, especialmente en la década de 1890, ha sido sobradamente documentado en diversos trabajos y dos son las obras que destacan en este plano: *Literaturas malsanas* (1894), de Pompeu Gener y *Alma contemporánea* (1899), del propio Llanas Aguilaniedo. Ambos textos no pueden entenderse sin tener en cuenta la intensa difusión de las teorías lombrosianas desde los últimos años de 1880 y la circulación de la obra de Nordau, en su versión francesa, a partir de 1894; estas dos fuentes, además, son las piezas claves en la configuración de la degeneración –un término de origen médico– como categoría de crítica literaria y cultural.

La centralidad de *Entartung* (1892), de Max Nordau, en las literaturas europeas del momento es de sobras conocida: en ella se desgrana con detalle y minuciosidad la sintomatología de todo tipo de escuelas y tendencias artísticas: naturalismo, prerrafaelismo, decadentismo, simbolismo, parnasianismo, wagnerismo, etc., que se suceden igualadas por su condición patológica, que el autor desgrana con acritud.

Retomando el concepto de degeneración que había establecido el estudio pionero *Traité des dégénerescences physiques, intellectuelles et morales de l'espèce humaine et de ses causes qui produisent ces variétés maladives* de Bénédict Augustin Morel (1857) y aplicando también de manera sesgada las tesis lombrosianas que fijaban que los degenerados no eran necesariamente seres marginales sino artistas y escritores, Nordau se sitúa en el campo literario y artístico para alertar de la peligrosidad social que emana de él. La elección de la degeneración

---

4   Sobre la relevancia de las categorías científicas y la medicina como discurso de poder en la cultura literaria del fin de siglo, véanse Cardwell (1996), Clúa (2009), Litvak (1977).

como «enfermedad de época» resulta plenamente significativa: nutriéndose de conceptos biológicos como la herencia, el determinismo o la evolución, la degeneración había permitido trasladarlos al campo de «las ciencias del hombre» donde había ido adquiriendo una importancia creciente, debido precisamente a su construcción como enfermedad global, que recubría toda una serie de manifestaciones patológicas a través de las cuales se podía establecer un férreo ideal de normalidad en aras de la higiene social.

Aunque Nordau plantea su trabajo desde unos claros parámetros positivistas y aborda el estudio de los sujetos patológicos a través de un análisis de la sintomatología y una formulación de diagnosis, su trabajo está muy lejos de mantenerse dentro de los márgenes del estudio objetivo de casos clínicos, por mucho que esa sea la pretensión de la obra. Dejando a un lado la evidente virulencia de su discurso, la conexión entre las manifestaciones artísticas y la degeneración arrastra matices muy alejados de la postura del autor alemán.

Si Lombroso había abierto la puerta vinculando genialidad y degeneración[5], las posteriores clasificaciones de Magnan (*Leçons cliniques sur les maladies mentales*, 1895) y en última instancia de los discípulos del italiano acabaron por invertir el sentido de la degeneración, o cuanto menos por facilitar la identificación de los jóvenes literatos con estos «degenerados superiores». El estado patológico se convertía así en síntoma de la genialidad del artista y en términos sociales dejaba de asociarse a lo regresivo para pasar a encarnar un impulso capaz de hacer avanzar el cuerpo social[6].

El discurso literario de la decadencia[7] no tardó en apropiarse y

---

5   Me refiero a las consideraciones formuladas por el autor desde la incipiente *Genio e follia* (1864) hasta la versión final *L'uomo di genio in rapporto alla psichiatria, alla storia ed all'estetica* (1894).

6   Sobre los matices que las teorías lombrosianas van adquiriendo según se van desarrollando, véase Maristany (1983).

7   La noción de decadencia es tan omnipresente en la cultura europea de la segunda mitad de siglo como difícil de definir y acotar. Más allá de la galería de temas e imágenes que a menudo se utilizan como sustituto de una definición del término, y que incluyen, entre otros, algunas figuras tan poderosas como la mujer fatal, el andrógino, el dandi, el bohemio, etc. conviene recordar que se trata de un concepto muy vinculado a la conciencia de historicidad que define la modernidad (aspecto este ya presente en el fundacional soneto «Langueur» de Paul Verlaine, donde aparece por primera vez el término «decadencia») y en el manifiesto de Anatole Baju y Luc Vajernet, «Aux Lecteurs!» que inaugura la publicación *Le Décadent littéraire et artistique* (1886) en el que emerge la conciencia de una sociedad en pleno desmoronamiento y en plena transformación. Por otra parte, la decadencia pone sobre la mesa cuestiones políticas y sociales de primer orden, desestabilizando muchas de las categorías históricas, nacionales, sexuales, etc. que definen la modernidad (Constable, Denisoff y Potolsky 1999, 2). La identificación misma

ahondar en el ideal del genio enfermo, convirtiéndolo en motivo privilegiado de su catálogo temático. El artista enfermo, por un lado, y la infinita melancolía, convertida en auténtico mal del siglo, resultaron la perfecta imagen para mostrar tanto el rechazo al optimismo racionalista y la idea positivista de fe en el progreso como el desafío a un sistema de valores burgués y utilitarista. De hecho, la presencia de la enfermedad como ideal había surgido casi en paralelo a las primeras formulaciones sobre la degeneración, de la pluma de Charles Baudelaire, referencia indispensable para los escritores decadentes. En su texto «L'artiste, homme du monde, homme des foules et enfant» (*Le peintre de la vie moderne*, 1863) había señalado la convalecencia como el paradigma de la actitud artística, en tanto que el convaleciente –como el niño– era capaz de observar el mundo liberado de los convencionalismos habituales. Fue esa conexión entre la enfermedad y la capacidad de «desautomatizar» la percepción la que los escritores decadentes hicieron suya a la hora de trazar la identificación con los degenerados «evolutivos» o «superiores».

Es en este contexto –en el que la degeneración se contempla simultáneamente como mal social y como manifestación de una nueva subjetividad, se analiza como enfermedad que requiere tratamiento clínico y se reivindica como espacio identitario– donde se emplaza, vehiculando estas contradicciones, la obra de José María Llanas Aguilaniedo.

Del caso clínico a la subjetividad finisecular

El relativamente escaso interés que la obra del autor ha suscitado procede, de manera significativa de la contribución de Llanas –con *Alma contemporánea* (1899)– a la recepción de Max Nordau en España (Davis, 1977) y de la sociología criminal, en especial de la escuela antropológica italiana que encarna Lombroso (Litvak, 1990). En efecto, las conexiones del texto con estos dos referentes son claras: la monografía se plantea, a la manera de *Entartung* (1892) como un análisis de la subjetividad artística moderna que se nutre de las ideas del evolu-

---

de los literatos con lo decadente, por tanto, tiene mucho que ver con el rechazo evidente de los valores y normativas de esa modernidad, de ahí que asumir una subjetividad enferma y degenerada como propia sea un gesto cargado de sentido. Sobre la noción de decadencia y su relación con la degeneración es especialmente clarificador Pitarch (2003a) y referencias obligadas Spackmann (1989) y Bernheimer (2003).

cionismo y las aplica al campo artístico. De ese modo, la primera parte del texto se articula como análisis médico y diagnóstico de la cultura moderna y la segunda como formulación de un tratamiento (Pitarch 2003 a, Ara Torralba 1990).

En primera instancia, pues, la obra parece alinearse con los furibundos discursos higienistas respecto al arte contemporáneo, expresión de una subjetividad hipersensible, neurasténica y agotada que es epítome del sentir general de la sociedad. De ese modo, dice Fillière (2010), aplicando el evolucionismo al campo artístico y con una raíz científica y positiva, Llanas asume totalmente los postulados de Lombroso y Nordau respecto a la degeneración de los hombres y explora la degeneración evolutiva del arte. Aparentemente, la apreciación es cierta: una mirada al índice puede dar fe de esos parecidos, pero esta adhesión a los principios positivistas queda eclipsada aún antes de leer el texto, echando sencillamente un vistazo al prólogo que encabeza *Alma contemporánea* y que se abre, no casualmente, con una contemplación del crepúsculo en Sevilla. Esta escena es calificada como:

> Hermoso cuadro aquel que tan bien simbolizada el espíritu de nuestro tiempo... Hubo, en efecto, su aurora, su alborear lleno de risueñas esperanzas, de optimismos, de aspiraciones hacia el luz, más luz de Goethe, en el día intelectual de la humanidad; mas, después del periodo de luz, espléndido, magnífico, de vitalidad y vigor extraordinarios, se ha venido a parar a un ocaso lleno de poético pesimismo, un ocaso que nos habla en lengua misteriosa de infinito y en el cual los tonos irritados de algunas nubes se dulcifican poco a poco, simplificándose progresivamente la variedad maravillosa de matices para llegar al tono único precursor de la noche. (6)

La imagen crepuscular de la introducción se prolonga en las frases iniciales del primer capítulo de *Alma contemporánea*: «No obstante ser el Sol tan bello al salir como al ponerse (Verlaine), el alma contemporánea, por analogía sin duda, comprende mejor la belleza de la puesta que la de la aurora» (7). Como señala Pitarch, la frase sirve de engarce entre la introducción y el diagnóstico de degeneración de la raza que le seguirá, pero que sea precisamente la imagen del crepúsculo la elegida para presidir el texto resulta muy revelador, puesto que se trata de una de las metáforas centrales del arte decadente al que –aparentemente, repito– Llanas parece someter a escrutinio, diagnóstico y tratamiento en el mismo texto. Dicho de otro modo, no deja de ser extraño que un texto frecuentemente citado entre la crítica antidecadentista (Sáez 2004), se abra citando a Verlaine. Precisamente su poema *Langueur* (1884), resulta central en el imaginario de la decadencia por vincular la imagen del sol poniente con la descomposición política del Imperio romano, sellando en sus afortunados versos la dimensión íntima y colectiva del agotamiento espiritual que caracteriza la decadencia: «Je suis l'Empire à la fin de la décadence,/Qui regarde passer les grands Barbares blancs/En composant des acrostiches indolents/D'un style d'or où la langueur du soleil danse».

La metáfora del sol crepuscular ya había sido apuntada por Gautier, en un texto que parece ser inspiración directa de Llanas en la apertura de su tratado de estética. En sus retratos literarios, y refiriéndose a la central figura de Baudelaire, Gautier contrapone el sol poniente con el de la mañana:

> La littérature est comme la journée: elle a un matin, un midi, un soir et une nuit. Sans disserter vainement pour savoir si l'on doit préférer l'aurore au crépuscule, il faut prendre à l'heure où l'on se trouve et avec une palette chargée des couleurs nécessaires pour rendre les effets que cette heure amène. Le couchant n'a-t-il pas sa beauté comme le matin? (169-170)

Y acaba ligando al sol decadente un arte que, en el caso de Baudelaire, sabe hallar los matices –el nácar de las aguas estancadas, los rosas de la tisis, los blancos de la clorosis, etc. – «qui correspondent à l'automne, au coucher du soleil, à la maturité extrême des fruits, et à la dernière heure des civilisations» (202).

Ese mismo sol crepuscular preside, desde una posición diametralmente opuesta, la obra de Nordau, que se abre muy significativamente con una primera parte titulada «El crepúsculo de los pueblos». Pero mientras en Verlaine o Gautier esa imagen se asocia a una nueva sensibilidad acorde a un presente que se percibe fugaz y provisional, y que abraza esa conciencia decididamente[8], en Nordau, en cambio, los tonos son mucho más ominosos:

> Por la tierra se arrastran sombras cada vez más densas, que envuelven los fenómenos en una oscuridad misteriosa, destruyendo

---

8 Recordemos aquí la famosa definición baudelairiana de la modernidad: «La modernité, c'est le transitoire, le fugitif, le contingent, la moitié de l'art, dont l'autre moitié est l'éternel et l'immuable. Il y a eu une modernité pour chaque peintre ancien» (Baudelaire 1963, 1163).

todas las certidumbres y dejando el campo libre a todos los presentimientos; las formas pierden su contorno y se disuelven en remolinos de nieblas, el día se acaba, la noche se extiende. (11)

Pero lo que destaca en su descripción, sobre todo, es el malestar ante esa misma provisionalidad de las cosas y ante la falta de certidumbres que define a la contemporaneidad.

Este contraste evidencia, como señala Blasco (1998), que la decadencia es mucho más que una extravagancia; por el contrario, la literatura decadente hace visibles los conflictos sicológicos y sociológicos de la modernidad, una modernidad que se define por nuevas estructuras tecnológicas y sociales marcadas por los ideales del progreso, el materialismo y el positivismo. Desde esa perspectiva está claro que tanto la crítica degenerativista como el movimiento decadente —salvando las distancias— suponen dos discursos que participan de pleno en el debate de la subjetividad moderna, exaltando un paradigma de orden, normalidad y salud la primera y reivindicando las posiciones periféricas el segundo.

El estudio de estética de Llanas parece pues, mirar hacia esas dos direcciones opuestas, esforzándose en conciliarlas en su propuesta estética, el emotivismo, en el que es evidente el conocimiento de los elementos claves de la crítica degenerativista que «ponen de manifiesto el respeto de Llanas por tales teorías pero, al mismo tiempo, su valoración sustancialmente distinta del fenómeno» (Pitarch 2003a, 110).

Ese mismo uso de las teorías de la degeneración y de los lugares comunes de la decadencia será la nota más definitoria de su ficción literaria, en un movimiento textual que Cardwell describe a la perfección:

> Llana's scientific method is infiltrated, bent back on itself, to shadow forth new attitudes, attitudes in conflict with, and powerfully transgressive of, the Restoration society and its institutions in which Llanas lived and worked. [...] First, the degenerative condition denounced by Lombroso, Nordau and Gener is depicted in a positive light and thus challenges the hegemonic form on its own grounds and subverts it transgressively. (164)

Ese audaz movimiento es el que dota de su particular textura a la obra novelística de Llanas Aguilaniedo, que explorará esta subjetividad enferma y decadente, como *Alma contemporánea*, desde esas mismas vacilaciones sobre lo patológico.

NAVEGAR PINTORESCO (1903)

AIRES DE FAMILIA: DE *Del Jardín del amor* (1902) A *Navegar pintoresco* (1903)

Como ya se ha dicho, la obra de ficción de José María Llanas Aguilaniedo es limitada y compacta: la trama de sus tres novelas aletea alrededor de unos protagonistas que adolecen de los males de la época y cuya subjetividad se explora hasta el mínimo detalle. *Navegar pintoresco* (1903) se centra en la trayectoria vital de Álvaro Pacheco, hermano a su vez de María de los Ángeles Pacheco, protagonista de su primera novela, *Del jardín del amor* (1902). Ambos hermanos adolecen de la hipersensibilidad propia del sujeto decadente, que se manifiesta en estados mórbidos que no resulta difícil leer en correlación con la literatura científica del momento. De hecho, el protagonismo de los hermanos no parece un elemento azaroso: la herencia biológica común emerge tácitamente como explicación del idéntico mal que padecen. Sin embargo, más que una observación clínica de esos sujetos patológicos, asistimos en ambas novelas a una morosa exploración de su subjetividad en un trazado narrativo en el que se detectan huellas de Nordau y la psiquiatría degeneracionista pero también, como apunta Cardwell, los tonos simbolistas de Rodenbach y ciertos parecidos, en forma y trama, con las primeras novelas de Baroja y Azorín (162).

No cabe duda de que tanto María de los Ángeles como Álvaro son susceptibles de ser contemplados como casos clínicos, en los que se pueden detectar la debilidad nerviosa, apatía, impulsividad, asocialidad, etc. que la literatura científica del momento identificaba como síntomas de la condición degenerada. Sin embargo, el tratamiento literario que desarrolla Llanas no se limita a desgranar una retahíla de

síntomas; por el contrario, como bien señala Pitarch (2003b), el desarrollo artístico de Llanas

> [...] surge precisamente de la exploración de la percepción particular
> del mundo a través de la enfermedad congénita característica de la
> vida urbana moderna: la hipersensibilidad. Tal facultad es en-
> tendida por el autor aragonés como la adaptación fisiológica evo-
> lutiva del cerebro a la superabundancia de sensaciones con las que
> es bombardeado por la gran ciudad, en permanente estado de *shock*
> baudeleriano. (s.p.)

Más aún, en el formidable personaje literario que es María de los
Ángeles, es precisamente esa particular capacidad de percepción el
rasgo al que se asocia a su «superioridad» respecto al modelo nor-
mativo de individuo del positivismo burgués decimonónico. La con-
frontación con la normativa se desarrollará sobre todo en el terreno
del género y la sexualidad, ya que la joven no está dispuesta asumir
el papel de esposa y madre que la sociedad parece destinarle y su deseo
se orienta hacia su amiga Catalina Coello, cuyo matrimonio con un
rico terrateniente propiciará el hundimiento definitivo de la joven.

Planteado como diario póstumo que edita un amigo de la joven
–personaje que reaparece también en *Navegar pintoresco* como apoyo
de Álvaro–, el texto deja constancia de un malestar espiritual de María
de los Ángeles que apunta a la insatisfacción del sujeto moderno y que
en algunos pasajes se expresa con notable intensidad:

> Algo no obstante hay en mí que se rebela, gritando mi mérito, pues
> sin duda lo tengo, hermana del alma; que no en balde se pasan
> veinte años de vida atendiendo día por día al cultivo del propio
> jardín; estudiando hasta en medio de las diversiones; aprendiendo
> en los demás; adiestrándose en artes y virtudes diversas, reser-
> vándose, cuidando el propio yo con tenacidad y casi con desespe-
> ración, como quien confía obtener de él en momento propicio la vic-
> toria, el salto sobre la vulgaridad y preocupaciones que la mujer
> superior ha de vencer en esta sociedad insoportable. (97)

No es de extrañar, pues, que se haya calificado a María de los Ángeles como paradigma de mujer libre e intelectualmente superior,
cuya personalidad recuerda incluso al superhombre nietzscheano
(Calvo Carilla, 1992).

Precisamente, este toque nietzscheano brilla por su ausencia en su gemelo, cuya trayectoria vital, como indica el título de la novela, tiene mucho más de deriva y falta de control pese a que comparta muchos rasgos con su hermana, en particular esa «sed inextinguible de algo que no acertaba a definir huyendo continuamente ante él» (Capítulo I). De hecho las escasas referencias que *Navegar pintoresco* hace a la vida en común de los jóvenes dejan bien claro que Álvaro ocupa una posición pasiva y se deja llevar por el oleaje que alza la voluntad de María de los Ángeles; la estrechez del vínculo entre hermanos es tan intensa que se tiñe ligeramente de tonos incestuosos.

En cualquier caso la figura de María de los Ángeles no es solo un personaje externo a *Navegar pintoresco* cuyo recuerdo destelle en algún paisaje aislado; la sombra de la hermana es justamente el motivo del ánimo abatido que invade a Álvaro en el arranque de la novela y que se va a desgranar con todo lujo de detalle pasando por la tópica del enfermo finisecular: indecisión en la voluntad, apatía, exaltación, volubilidad, percepción desordenada, etc. Ese estado parece revertirse o cuanto menos alterarse tras descubrir a una hermosa joven en el balcón de un edificio –en una escena que evoca a la imaginería prerrafaelita– con la que Álvaro iniciará una agitada relación sentimental en la que intervienen dos elementos claves: por un lado, la incomodidad con la normativa sexual burguesa, que resulta ser un marco que Álvaro transgrede en parte, sin atreverse a rebelarse del todo, y que desembocará en su alejamiento de Berta tras conocer su embarazo; por otro, el propio carácter patológico de la amada, que también adolece de muchos de los síntomas de la degeneración. Así, esta relación que de entrada parece ser un revulsivo para el abatimiento del protagonista acaba siendo una fuente más de sensaciones turbulentas que acrecientan todavía más su malestar.

Como se ve, pues, *Navegar pintoresco* tiene muchos puntos de continuidad con *Del jardín del amor*. Sin embargo, introduce dos elementos que van más allá del planteamiento de esta. En primer lugar, la acentuación de la parafernalia decadentista en el desenlace vital que desgrana la novela: como María de los Ángeles, Álvaro se recluye al final del relato en la misma finca rural, acentuando así el hiato entre su propia sensibilidad y el mundo que le rodea; sin embargo, en la reclusión de Álvaro se enfatiza el gesto del esteta y el refinamiento del dandi. Si María de los Ángeles se aproximaba al ideal del dandismo (Clúa 2006) en no pocos momentos, su hermano lo abraza por su vertiente más decadente. En segundo lugar, el formato diarístico de *Del jardín del amor* nos aboca, fundamentalmente, a la interioridad de su protagonista, auténtico epicentro de toda la narración. La presente novela, en cambio, abre la perspectiva y más que la exploración de un sujeto, encontramos el esbozo de toda una galería patológica donde el carácter mórbido de Álvaro dialoga y se refleja en el de otros personajes, todo ello en el contexto de la urbe moderna.

El héroe decadente: la estirpe literaria de Álvaro Pacheco

Álvaro Pacheco, protagonista de *Navegar pintoresco*, es un personaje cuyo perfil coincide con el de una amplia red de héroes novelescos que desfilan en la narrativa de fin de siglo. Su malestar espiritual se manifiesta en una serie de síntomas psicológicos y fisiológicos que reverberan también en los estados febriles del narrador de *Diario de un enfermo* (1901) de Azorín, en la agitación del Fernando Ossorio de *Camino de perfección* (1902), de Pío Baroja, quien se declara histérico y degenerado, y en la angustia existencial de su hermana María de los Ángeles, por poner solo tres ejemplos muy próximos en el espacio y en el tiempo[9]. Sin embargo, el personaje se destaca por dos elementos: el detalle con el que se recorre su sintomatología y que, como ya sabemos, mucho tiene que ver con el bagaje científico del propio Llanas y la deriva que lo conduce a abrazar, como pocos personajes en la literatura española, los tics más radicales del esteta y del dandi.

Hay que dejar claro, de entrada, que el dandi no es ni mucho menos un tipo extravagante entregado al narcisismo más absoluto. Si la decadencia no es simplemente una impostura estética (Blasco 1998, Sáez 2004) y queda lejos de la banalidad y la intrascendencia, pues sus puntos de partida son una fuerza enormemente corrosiva que diluye los fundamentos morales y sociales de la clase dominante, el dandi también participa de este carácter disolvente. Así, el dandi es

---

9   Un excelente recorrido por la figura del héroe decadente en la literatura finisecular española puede encontrarse en Santiáñez-Tió (2002).

una de las expresiones –tal vez la más estilizada– de la rebelión ante una modernidad que se pretende construir normativamente desde unos valores que resultan intolerables. Los ejes sobre los que se construye el dandismo socavan desde varios lugares esos valores: la entrega radical a la belleza, entendida como gratuita e inútil, se opone de plano al materialismo burgués hegemónico; el culto al artificio supone una desnaturalización del sujeto moderno y una llamada de atención sobre las normativas identitarias con las que juega a voluntad. Además, el dandi emplaza su capacidad de corrosión en su mismo cuerpo, desarrollando un cuidado de sí que le permite construir un proyecto identitario marcadamente político pese a su aparente superficialidad.

La presencia del dandismo en la novelística de Llanas hace su aparición desde su primera incursión en la novela. Ya en el retrato de María de los Ángeles emerge la resolución por vía estética de la insatisfacción vital. Como muy bien explica Pitarch, el ideal de vida de la joven es inseparable de su ideal de arte, ligado a un concepto de belleza que «ha de venir envuelto en vaguedad, en parálisis, en decoloración enfermiza y nebulosa» (74) y que define como hipermoderna. La consecuencia es que «El intento de aplicar tal ideal a su propia vida provoca un conflicto irresoluble en la protagonista, condenada a reinventarse continuamente para conservar una personalidad basada en algo tan volátil como la originalidad, amenazada continuamente por el fantasma del tedio y la repetición» (Pitarch 2003b), lo que dará como resultado una subjetividad cambiante, en la que la personalidad se reinventa y se explora de manera continua.

Álvaro, por su parte, no teoriza –a diferencia de su hermana– su visión del arte y la belleza, pero es evidente que lo artístico es un elemento fundamental en su «navegar pintoresco». De entrada es un filtro por el que se percibe la realidad: así, en su primera visión de Berta la joven queda asimilada a una «estatua de la decadencia, una Polimnia» (Capítulo I), una imagen mineral llena de sentido cuyas implicaciones comentaré más adelante pero que ya de entrada revela el recurso a la imagen artística como punto de referencia con el que se mide la realidad; del mismo modo, en su enamoramiento jugará un papel fundamental tanto la sensibilidad artística de Berta como su capacidad de producir efectos estéticos a través de su cuerpo, es decir, modificando su vestido y su tocado a través de la inspiración en las esculturas y cuadros de los museos.

La experiencia estética es también parte sustancial de la escasísima actividad de los enamorados, ya sea integrada en el espacio público, como ocurre con la asistencia a la representación de una pieza de teatro japonés —que introduce en la novela otro de los lugares comunes de la época: la atracción por lo exótico—, ya sea integrada en el ámbito privado, como ocurre en los pasajes en los que ambos se recrean con viejas cantigas medievales y pieza folklóricas que Berta canta. No se trata en ninguno de los dos ejemplos de formas de ocio insignificantes; por el contrario, son experiencias cuyo sentido —en lo tocante a los personajes— radica en la conmoción estética que les provocan, de tal modo que «hasta cierto punto les desalteraba cuando no exaltaba con mayor impetuosidad su fuego» (Capítulo V). Hay que apuntar, además, que la conmoción estética es descrita, en el caso de Álvaro, en estrecha relación con el desorden perceptivo, de suerte que la lectura de Shakespeare y la visión de las obras de Wagner le producen una alteración que va más allá del alma y se emplaza en el cuerpo a través de uno de los conceptos más asediados desde el arte y desde la ciencia del momento: la sinestesia. Este fenómeno ejemplifica a la perfección cómo Llanas integra en el personaje todo ese bagaje cultural enormemente contradictorio; descrito el fenómeno como una «anomalía» a través de un léxico saturado de terminología degeneracionista, la narración se detiene en explorar los efectos de la sinestesia en Álvaro antes que caer en una diagnosis clínica.

Conforme avanza la novela, la relevancia de la experiencia estética en Álvaro va tomando una deriva que lo lleva desde este comportamiento de esteta hasta convertirlo en un verdadero dandi decadente. Esa deriva tiene un primer momento significativo, en el exquisito diseño de una extravagante joya que viene a simbolizar, de manera bastante literal, el inquebrantable vínculo amoroso con Berta. Aunque la adquisición de la joya se nos presente como un gesto galante, el objeto no llama a engaño: las cadenas y la ominosa inscripción, tomada de la novela gótica *The Monk* (1796), en la que el amor adquiere ribetes de condena, dejan bien claro que estamos en las antípodas de un inocente regalo entre enamorados. El cuidado extremo con que se elige la forma, los materiales y la inscripción que la acompaña nos sitúa ya en el refinamiento extremo del dandismo, pero sobre todo indica cómo el elemento artificial, el objeto artístico, deviene la pieza clave a través de la cual la experiencia «real» se hace inteligible y tolerable: no hay que olvidar que la obsesiva dedicación de Álvaro al objeto llega justo después de conocer la noticia del embarazo de Berta. Es decir, en el momento en que la relación amorosa queda inevitablemente enmarañada con el vulgar desarrollo de la naturaleza, Álvaro la desplaza al terreno de lo artificial, desgajándose en ese gesto de cualquier compromiso con la realidad. No pudiendo –por su falta de voluntad– ni queriendo –por su repulsión ante las normas– asumir el papel que las convenciones sociales le reservan, Álvaro deja en esa joya su última materialización del amor para abocarse en sí mismo y construirse un mundo a medida, siguiendo la estela del héroe decadente que se aparta de los demás y

> [...] busca desesperadamente olvidar sus preocupaciones existenciales. Sin familia, sin amigos, solos y diferentes. Un mundo sin normas o con otras normas sociales y morales. Convertido en obra de arte. Espacios saturados de cultura, de arte, de libros, espacios sobre todo artificiales, sustituyendo lo natural y lo real por el artificio. Un mundo situado fuera del tiempo también. (De Diego 2000, 64)

Las relaciones intertextuales de la novela en este punto no solo son claras sino que están referidas explícitamente cuando se nos compara a Álvaro con «otros héroes novelescos o reales del aislamiento» (Capítulo IX). Más aún, la descripción del período de reclusión de Álvaro no puede contemplarse si no como una reescritura de la celebérrima obra de J.K. Huysmans, *À rebours* (1884), invocado desde su misma publicación como breviario del decadentismo. La reescritura no es nada sutil pues muchos de los gestos que Álvaro adopta tienen un correlato directo con los de Des Esseintes; ocurre así con la experimentación estética a través de la jardinería, que recuerda a las exquisitas manipulaciones botánicas que Des Esseintes describe en el capítulo VIII de la novela. Otros nexos de unión son la construcción de un espacio de artificio y refinamiento a través del acopio de obras de arte, la exploración de las sensaciones a través de los perfumes, los manjares y la bebida o la extravagancia en el vestir.

La referencia a Huysmans nos devuelve a otro de los intertextos confesos de Llanas y a una imagen que prolifera en su obra –como ya se ha comentado anteriormente a propósito de *Alma contemporánea*–: Verlaine y el sol poniente, pues el propio Des Esseintes dirá, repasando su biblioteca, en la que se incluyen las obras del autor francés:

> [...] mais sa personnalité résidait surtout en ceci: qu'il avait pu exprimer de vagues et délicieuses confidences à mi-voix, au crépuscule. Seul, il avait pu lasser deviner certains au-delà troublants d'aime, des chuchotements si bas de pensées, des aveux si murmurés, si interrompus, que l'oreille qui les percevait, demeurait hésitante, coulant à l'âme des langueurs avivées par le mystère de ce souffle plus deviné que senti (Huysmans 1920 [1884], 182).

Una vez más, el sol poniente se constituye como metáfora perfecta de la subjetividad decadente, como también señalaba Baudelaire vinculando esta metáfora específicamente con el dandismo, al que se define en *Le peintre de la vie moderne* (1863) como un sol poniente, un astro que declina y que está lleno de melancolía.

Esta última imagen sirve a la perfección para retratar el estado de Álvaro al cierre de la novela: un personaje que ha abrazado los resplandores crepusculares del dandismo pero que sin embargo, en las últimas líneas de la novela aparece abocado al vértigo ante la contemplación del sol naciente y desplomado en brazos de una estatua femenina que emana la vitalidad y satisfacción de las que Álvaro carece. Una vez más, la narrativa de Llanas se dobla sobre sí misma: si el texto se niega a tratar al personaje como un caso clínico, también rehúye la exaltación del radical camino del dandi decadente para quedarse fijado en una imagen ambigua que evoca tanto una idea de final como el augurio de un nuevo día.

Berta o la enfermedad en femenino

Aunque *Navegar pintoresco* se concentre en avanzar siguiendo la errática trayectoria vital de su protagonista, destaca dentro de la no-velística del autor por su apertura más allá del personaje central, quien no deja de ser el elemento más destacable de una galería patológica mucho más amplia que tiene como telón de fondo la vorágine de la urbe moderna.

En esta galería destaca por su función estructural en la trama Berta, un personaje que aparece en principio como objeto de deseo pero que, por momentos, sucede a Álvaro como foco de atención. Atraído por su imagen estatuaria, Álvaro se aproxima a la joven y no se decepciona: encuentra un sujeto anómalo, alocado, caracterizado en primera instancia por su volubilidad –llegará a referirse a ella como «kaleidoscopio inagotable» (Capítulo II)– y por configurarse como una pantalla en blanco por la que desfilan toda clase de sensaciones y estados de ánimo y que adopta toda clase de apariencias a partir de un proceso de perfeccionamiento estético. Si bien la caracterización del personaje puede leerse simplemente en paralelo con la de Álvaro, es obligado tener en cuenta algunas cuestiones que tienen que ver tanto con la particular relación entre feminidad y enfermedad que se establece en la época como con la propia redefinición de la mujer y lo femenino que se desarrolla en la literatura del período.

Si los estados patológicos son omnipresentes en el imaginario del momento, no menos evidente es que la enfermedad queda atravesada por un subtexto de género que cristaliza en la figura de la histérica, imagen por excelencia del panteón finisecular. Sin querer adentrarme en un tema complejo y bien estudiado (Ortiz 2006, Del Pozo 2013c) baste apuntar que:

> La vinculación entre naturaleza y feminidad plantea una fisura en el ideal de virtud doméstica asociado a la mujer: si por un lado sirve para justificar desde la biología sus cualidades como madre y esposa, por otro esa misma condición natural asume la proximidad de lo femenino con lo patológico. De este modo, el mismo discurso que identifica el género femenino con una naturaleza pasiva y repro-ductiva superpone a la perfecta virtud doméstica una dimensión en-fermiza constante, que exige medicalización y escrutinio conti-nuado, y que apuntará a una conceptualización de la feminidad en la que el ángel del hogar puede fácilmente transformarse en una histérica. (Del Pozo 2013c, 41)

Precisamente Berta se emplaza en este mismo escenario: aunque el personaje se sitúa dentro del hogar, bajo la vigilancia y el acompañamiento de su madre y su vecina, y parece asumir sin conflicto y con docilidad las tareas propias de su sexo (en varias ocasiones se nos menciona el esmero con que Berta y su madre cuidan del hogar amén de otras virtudes como la modestia y el recato), la naturaleza femenina acaba revelándose en todo su potencial. Calificada por Álvaro como «mujer de una sinceridad primitiva» (Capítulo II), la continuidad entre la condición femenina y la condición patológica están claramente trazadas en las mismas apreciaciones del narrador, quien admira cómo pasa «de una delicadeza marcadamente femenina a ratos de egoísmo intransigente; desde el apasionamiento inesperado a exabruptos de odio y repulsión» (Capítulo II). La deriva hacia lo patológico alcanza, además, su clímax en un momento ineludiblemente ligado a la naturaleza femenina: el embarazo de Berta, que se convierte en una sucesión de estados mórbidos que empiezan en la apatía, sigue con alteraciones en la percepción, ataques de pánico y finalmente crisis nerviosas.

Pero la conceptualización de lo femenino en el ámbito finisecular no se detiene en la ecuación que aúna mujer, naturaleza, enfermedad y que tan bien parece explicar el personaje de Berta. Como bien explica Hustvedt (1998), en la literatura decadente, la mujer se convierte en depositaria de una paradoja: es el ser natural por excelencia, pero también es el ser artificial por excelencia, pues su ausencia de raciocinio y su marcada emotividad acaban convirtiéndola en un vacío que se puede llenar por la vía del artificio. Desde esta perspectiva es comprensible que el otro rasgo característico de Berta sea su talento para hacer de su cuerpo un objeto muy alejado de lo natural, convirtiéndolo en un terreno de experimentación estética a través de un progresivo refinamiento en el atuendo que se consigue gracias a la imitación de las obras de arte contempladas en los museos (Capítulo V). Este gesto refuerza la idea señalada más arriba, la equiparación de la mujer con un lienzo en blanco susceptible de acoger todo tipo de inscripciones y aún se enfatiza mucho más con la alusión a la imitación como mecanismo sobre el que descansa todo este proceso: la caracterización de la mujer como un ser carente de cualquier impulso creativo o genial, que solo puede recurrir a la imitación como medio de expresión es otro de los tópicos entrelazados en ese tropo sobre el artificio femenino (Dijkstra 1986). La deuda de Berta con las tematizaciones de lo femenino no acaba ahí y hay que apuntar que el mismo gesto de verter en el cuerpo la belleza artística descubierta en el museo aparece prolijamente descrita en *Entartung* (1892). Como no podía ser de otro modo, Nordau plantea semejante práctica como síntoma de la degeneración, que atañe también a los varones pese a que el gesto de cuidar el tocado y el atuendo se entienda como típicamente femenino.

Como se ve, Berta condensa muchas de las fantasías y ansiedades del período sobre la mujer y la feminidad y su relación con Álvaro también pasa por el tamiz del tópico. La atracción inicial por Berta recurre a un cliché ampliamente extendido como es la belleza mineral, en el que reverberan muchos de los aspectos ya mencionados anteriormente. La fascinación por las bellas minerales se remonta hasta la Antigüedad y encuentra en el mito de Pigmalión y Galatea su concreción más evidente, en la que la figura animada de la mujer se revela claramente como una fantasía narcisista del varón (Pedraza 1998). No obstante, el mito sigue circulando y adquiere renovadas energías en el contexto decadente, donde al carácter narcisista se suma la atracción del decadente por la artificialidad femenina, que encuentra en la belleza estatuaria una de sus más características concreciones. La problemática relación de Álvaro con la joven responde así a la típica posición del dandi decadente con la feminidad, atravesada por esta dinámica de atracción y rechazo hacia la mujer: atraído por los aspectos más artificiosos de la feminidad, Álvaro acaba por rehuir la relación en el momento en que la naturaleza se manifiesta en todo su esplendor, a través del embarazo de la joven.

Si en la condición patológica de Berta concurren muchos de los lugares comunes de los textos decadentes, es justo recordar, ya para acabar, que también se nutre de un modo muy claro del acervo biológico y médico que opera en el período. Sobre todo, en lo concerniente al carácter hereditario de la condición degenerada, que conduce a la extinción de la raza. La presencia de sus progenitores en la novela permite trazar sin duda ninguna la persistencia e intensificación de los rasgos ya presentes en Adela y Don Zenón, marcados por los nervios y el alcoholismo, respectivamente. Como es natural, el fruto de tal unión no puede ser más que una criatura con una patología más avanzada y a su vez, el fruto de Berta con Álvaro no puede ser más que un ser tan debilitado cuya muerte es pareja a su nacimiento. La escena del parto y muerte del bebé y de Berta es, una vez más, un caso de tensión irresuelta entre elementos contrarios: si, por un lado, supone la culminación de las leyes inevitables de la herencia, por otro, el tratamiento del tema nos ofrece uno de los pasajes más claramente simbolistas de la novela, en el que se rehúye de cualquier análisis pretendidamente objetivo de los hechos y se prefiere la sugerencia y el lirismo.

ESCENAS DE LA VIDA URBANA: LA MALA VIDA Y LA ENFERMEDAD SOCIAL

La exploración de lo patológico no se agota con la pareja protagonista sino que tiene una de las concreciones más originales en el personaje de Don Zenón, el padre de Berta. Si la pareja protagonista abre la puerta a la exploración de una subjetividad individual con ribetes decadentes, Don Zenón permite introducir la dimensión social de la enfermedad y sus borrosos límites con la moral y la peligrosidad social.

Es este un tema particularmente significativo en la trayectoria de Llanas, quien publica junto con Constancio Bernaldo de Quirós *La mala vida en Madrid* (1901), un tipo de tratado que prolifera en la época y que tiene como objetivo el análisis y la taxonomización de diversas conductas peligrosas que florecen en la sociedad. Importado de la criminología italiana, el término «mala vida» hilvana como pocos las ansiedades respecto a la desviación de una conducta normativa. Los propios Llanas y Bernaldo de Quirós señalan justamente este concepto, la desviación, como elemento clave, al tiempo que muestran la amplitud del campo al que esta atañe: «La mala vida es un término de calificación de la conducta, un adjetivo que adjudicamos a la de todas las clases sociales e individuos, en cuanto se desvía de la normalidad elaborada por la especie, merced al desarrollo de sus energías, en todos esos ejercicios que se llama la Moral, la Ciencia, el Arte...» (9). De este modo, en la mala vida confluyen elementos heterogéneos: salud, moral y crimen se entrelazan alrededor de perfiles tan dispares como prostitutas, mendigos, ladrones, homosexuales o echadoras de cartas. Como señala Campos (2011) se trata, en definitiva, de un intento de clasificar lo difuso.

La mala vida está presente en *Navegar pintoresco* a un doble nivel: por una parte, el personaje de Don Zenón encarna esta desviación de la moral a la que se refieren Llanas y Bernaldo de Quirós merced a su actividad como usurero y empresario dedicado a negocios más que oscuros, lo que va de la mano con su alcoholismo. La referencia al alcoholismo tampoco es casual; los propios Llanas y Bernaldo de Quirós afirman que: «La mala vida es alcohólica y el alcoholismo en ella es a la vez causa, síntoma y consecuencia, todo enredado» (95). Por tanto, la falta de moral y la afición a la bebida de Don Zenón se conectan y se amplifican dando como resultado un sujeto patológico, en cuya actuación a lo largo de la novela aparecen muchos de los síntomas que Llanas había diagnosticado en sus distintos estudios sobre la materia: cambios de carácter, alucinaciones, irascibilidad... que culminarán en el efectista suicidio del que Álvaro será testigo.

Por otra parte, las huellas de la mala vida pueden rastrearse en otros momentos de la novela, en especial, en los momentos en los que Álvaro deambula por la urbe, ya sea en compañía de su hermana María de los Ángeles en busca de sensaciones extremas que hallarán en «las negras madrigueras de la miseria» que alberga la ciudad (Capítulo I), ya sea en soledad, paseando sin rumbo y sin objeto por las calles de Madrid. En ese sentido es particularmente reseñable la escena en la que Álvaro topa con una prostituta callejera con la que mantiene una breve conversación con un escenario de barrio bajo, arrabalero, como telón de fondo. Dos son los elementos que cabe destacar: en primer lugar, la introducción de la mala vida como categoría social y en segundo lugar, la deuda formal con el naturalismo radical en el trazado de la escena.

Aunque Don Zenón ejemplifique esa desviación de la norma que encierra, en definitiva, el concepto de «mala vida», la escena coral en la que varias figuras «mal cuidadas, astrosas, viejas o jóvenes le ofrecían amor barato en términos escuetos» (Capítulo III) nos sitúa de pleno en el carácter colectivo de la desviación. Como Llanas y Bernaldo de Quirós señalan:

> Pero cuando este término de calificación llega a aplicarse a cierta clase de gentes que, haciendo de los modos reprobados de vivir su profesión y estado, forman grupo, más o menos disgregado del organismo social se personaliza de improviso, convirtiéndose así en el nombre específico de una clase: la clase de las gentes de mal vivir. (9)

La escena, por tanto, conecta directamente con este universo de las «gentes de mal vivir» a las que el autor trata de analizar en su estudio higienista. No obstante, en la novela nada hay de ese espíritu científico; el tratamiento literario, por el contrario, tiene más que ver con el naturalismo radical, es decir, el naturalismo plenamente desarrollado que se entrega a una visión tendenciosa y claramente feísta y se nutre del bagaje médico-científico para desarrollar su narrativa.

Más importante aún es que esa mirada fugaz sobre los espacios degradados y las gentes del mal vivir se integran en una escenografía más amplia, la de la ciudad, que constituye uno de los principales polos de relación con la subjetividad de Álvaro. Los nuevos espacios urbanos, el zumbido de los tranvías, las escenas de sociabilidad callejera en los paseos y bulevares... aparecen constantemente en el deambular físico de Álvaro por la villa de Madrid, un deambular que recuerda al del *flâneur*, en tanto que quintaesencia de la experiencia urbana y moderna. Como el *flâneur*, Álvaro forma parte y a la vez se sitúa al margen tanto del escenario urbano como de las multitudes que lo pueblan, lo que en última instancia servirá para acentuar su hipersensibilidad y conducirlo al planteamiento radical de reclusión y exaltación estética con el que concluye su particular navegar pintoresco.

Esta edición

Esta edición recoge íntegramente el texto original de la novela, publicada en 1903 por la editorial madrileña Fernando Fé. Se ha modernizado la ortografía y corregido algunas erratas tipográficas tratando que el texto reproducido se ajuste al máximo al original. El marco de lectura trazado en la introducción y las notas a pie tratan de orientar al lector a fin de que pueda apreciar algunos de los elementos claves que se dan cita en la obra.

Este trabajo es fruto de la ayuda a la investigación concedida por el Instituto de Estudios Altoaragoneses en el año 2010 al proyecto «El alma de la modernidad: lecturas y lectores de José María Llanas Aguilaniedo». No quiero dejar de expresar mi agradecimiento a la institución por la concesión de esa ayuda y al equipo que formó parte del proyecto, la Dra. Alba del Pozo y Pau Pitarch.

BIBLIOGRAFÍA

OBRAS CITADAS

Ara Torralba, Juan Carlos. «El alma contemporánea de *Alma contemporánea*, claves ideológicas para un libro y un cambio de siglo», *Alazet: Revista de Filología*, 2, (1990): 9-54.

Baudelaire, Charles. *Œuvres complètes*. Ed. Claude Pichot. Paris: Gallimard, 1963.

Bernheimer, Charles. *Decadent Subjects: The Idea of Decadence in Art, Literature, Philosophy, and Culture of the Fin de Siècle in Europe*. Baltimore: The John Hopkins UP, 2002.

Broto Salanova, Justo. *Un olvidado: José María Llanas Aguilaniedo*, Huesca: Instituto de Estudios Altoaragoneses, 1992.

Calvo Carilla, José Luis. «La heroína modernista (la mujer finisecular en las novelas de Llanas Aguilaniedo)», *Anales de Literatura Española Contemporánea*, 8, (1992): 25-36.

Cardwell, Richard y Bernard McGuirk (eds.). *¿Qué es el modernismo? Nueva encuesta, nuevas lecturas*, Boulder: Society of Spanish-American Studies, 1993.

Cardwell, Richard. «The Mad Doctors: Medicine and Literature in Finisecular Spain», *Journal of the Institute of Romance Studies,* 4 (1996): 167-183.

—————. «Deconstructing the binaries of enfrentismo: José María Llanas Aguilaniedo's *Navegar pintoresco* and the finisecular novel», *Spain's 1898 Crisis: Regenerationism, Modernism, Postcolonialism*, Joseph Harrison y Alan Hoyle (eds.) Manchester: Manchester UP, 2000: 156-169.

Clúa, Isabel. «Las hijas bastardas de Descartes: el dandysmo y la artificialización política del cuerpo y la identidad», *Corporizar el pensamiento. Escrituras y lecturas del cuerpo en la cultura occidental*, Meri Torras (ed.) Vilagarcía de Arousa: Mirabel Editorial: 93-114.

_____. «La morbidez de los textos: literatura y enfermedad en el fin de siglo», *Frenia*, vol. IX (2009): 33-52.

Constable, L., Denisoff, D. y Potolsky, M. (eds.). *Perennial Decay. On the Aesthetics and Politics of Decadence*, Philadelphia: Pennsylvania University Press, 1999.

Darío, Rubén. «Max Nordau» en *Obras Completas*, Madrid: A. Aguado, Tomo III, 1950.

Davis, Lisa E. «Max Nordau: *Degeneración* y la decadencia en España», *Cuadernos Hispanoamericanos* (1977): 307-323.

De Diego, Rosa. «Sobre el héroe decadente», *Théleme. Revista Complutense de Estudios Franceses*, 15, (2000): 57-63.

Del Pozo, Alba. «Refinada histeria: el cuerpo femenino en *Pityusa* (1907) de José María Llanas Aguilaniedo», en Noemí Acedo y Diego Falconí (eds.), *El cuerpo del significante: la literatura contemporánea desde las teorías corporales*, Barcelona: EdiUOC, 2011: 325-336.

_____.«El alma de la modernidad: los artículos inéditos de José María Llanas Aguilaniedo», *Castilla. Estudios de Literatura*, nº 4 (2013a): 93-136.

_____.«¿Tienen alma las plantas? El colapso de la ciencia y el modernismo fin de siglo en los artículos de José María Llanas Aguilaniedo», Borja Rodríguez y Raquel Gutiérrez (eds.), *Individuo y sociedad en la literatura del XIX*, Santander: Tremontorio, 2013b: 435-448.

_____.*Género y enfermedad en la literatura española del fin de siglo XIX-XX*. Tesis doctoral inédita, 2013 c.

Dijkstra, Bram. *Idols of Perversity: Fantasies of Feminine Evil in Fin-de-siècle Culture*. Oxford, New York: Oxford UP, 1986.

Fillière, Carol. «Esthétique d'un autre modernism: l'«emotivismo» de José María Llanas Aguilaniedo», en Serge Salaün (ed.), *Entre l'ancien et le nouveau: le socle et la lézarde (Espagne XVIIIe-XXe)*, París: CREC y Université Sourbonne Nouvelle Paris 3, 2010: 224-287.

Gautier, Théophile. *Portraits et souvenirs littéraires*. París: Charpentier, 1881.

Gener, Pompeu. *Literaturas malsanas: estudios de patología literaria contemporánea*. Madrid: Fernando Fé, 1894.

Gullón, Ricardo. *La invención del 98 de otros ensayos*, Madrid: Gredos, 1986.

_____. *Direcciones del modernismo*, Madrid: Alianza, 1990.

Harrison, Joseph y Alan Hoyle (eds.). *Spain's 1898 Crisis. Regenerationism, Modernism, Post-Colonialism*. Manchester y Nueva York: Manchester University Press, 2000.

Hustvedt, Asti (ed.). *The Decadent Reader. Fiction, Fantasy, and Perversion from Fin-de-Siècle France*. Nueva York: Zone Books, 1998.

Huysmans, J. K., *À rebours* [1884], París: Librairie des Amateurs, 1920.

Litvak, Lily, «La idea de la decadencia en la crítica antimodernista en España (1888-1910)», *Hispanic Review*, 45, (1977): 397-412.

Lombroso, Cesare. *L'uomo di genio in rapporto alla psichiatria, alla storia ed all'estetica*. Torino: Fratelli Brocca, 1894.

Magnan, Valentin y Paul-Maurice Legrain. *Les dégénérés (état mental et syndromes épisodiques)*. París: Rueff et Cie, 1895.

Mainer, José-Carlos. *La edad de plata (1902-1931): ensayo de interpretación de un proceso cultural*, Barcelona: Asente, 1975.

Maristany, Luis. «Lombroso y España: nuevas consideraciones», *Anales de literatura española,* 2 (1983): 361-381.

Morel, Bénédict Auguste. *Traité des dégénerescences physiques, intellectuelles et morales de l'espèce humaine et de ses causes qui produisent ces varietés maladives*, Paris: Chez J.B. Baillière, 1857.

Nordau, Max. *Degeneración* [1892]. Madrid: Fernando Fé, 1902.

Pedraza, Pilar. *Máquinas de amar. Secretos del cuerpo artificial*. Madrid: Valdemar, 1998.

Pitarch, Pau. *Decadencia y modernidad en* Alma contemporánea (1899). Trabajo de investigación inédito. Barcelona: Universidad Autónoma de Barcelona, 2003a.

Pitarch, Pau. «La «mujer superior» modernista en El jardín del amor (1902)», *Actas del IV Seminario de la Asociación Universitaria de Estudios de las Mujeres*, Sevilla 17-19 de octubre de 2002, Sevilla: Universidad de Sevilla, 2003b.

Santiáñez-Tió, Nil. *Investigaciones literarias*. Barcelona: Crítica, 2002.

Spackman, Barbara. *Decadent Genealogies: The Rethoric of Sickness from Baudelaire to D'annunzio*. Ithaca: Cornell University Press, 1989.

Trigo, Felipe. «El Emotivismo. I». *Revista Nueva* 28, 15 noviembre 1899.

Verlaine, Paul. *Jadis et naguère*. París: Léon Vanier, 1884.

Obras de Llanas Aguilaniedo

Resumen de los trabajos realizados por el último Congreso Antropológico Criminalista de Ginebra. Folleto. Sevilla: Imprenta de Francisco de P. Díaz, 1897. 24p.

Alma contemporánea. Estudio de estética. Huesca: Tipografía de Leandro Pérez, 1899. 314p. Reeditada por Justo Broto. Huesca: Instituto de Estudios Altoaragoneses, 1991.

La mala vida en Madrid. Estudio psico-sociológico con dibujos y fotografías del natural. Escrito con Constancio Bernaldo de Quirós. Madrid: Imprenta de B. Rodríguez Serra, 1901. 366p. Reeditada en facsímil. Madrid: Asociación de Libreros de Lance de Madrid, 2010.

Del jardín del amor (Novela). Madrid: Fernando Fé, 1902. 134p. Reeditada por José Luis Calvo, Huesca: Instituto de Estudios Altoaragoneses, 2002.

Navegar pintoresco. Madrid: Fernando Fé, 1903. 320p.

Pityusa. Madrid: Fernando Fé, sin fecha (1907). 306p. Reeditada por José de Entrambasaguas en *Las mejores novelas contemporáneas*. Planeta: Barcelona, 1958. Tomo 3. 1167-1351.

NAVEGAR PINTORESCO

I

Sus párpados, perezosos aún, seguían negados a abrirse decididamente y a recibir la inundación de luz que desde el cielo directamente venía penetrando por la ventana en amplias ondas.
La idea del madrugón inquietándole desde el fondo de esa conciencia
inferior que vela, aún en medio de nuestro sueño, teníalo despierto
hacía rato; la voluntad, sin embargo, le faltaba para hacer un pequeño
esfuerzo, tender la mano y oprimir el botón del timbre. En aquel momento sonaron con *tin tin* discreto y agradable siete golpes seguidos
hacia uno de los ángulos. Era el reloj imperio que marcaba las siete.
Álvaro consiguió vencer por fin el entorpecimiento de todos sus lentos
despertares y con ojos turbios miró aquella hermosa obra de mármol
y bronce, antiguo, maternal regalo en cuyo centro las doradas mane-
cillas señalaban implacables las siete. Solo entonces se decidió a llamar
y a tirar del cordón que le servía para descorrer el pasador, retentivo
de la puerta. Casi inmediatamente entró Cipión, y su joven señor que
había vuelto a arrebujarse le vio entender durante unos minutos en
los diarios preliminares: el criado iba y venía como una máquina de
movimientos precisos cerrando la doble vidriera, encendiendo la es-
tufilla de gas, preparándole la ropa al amo a quien había visto nacer
y disponiendo en un cuartito contiguo la ducha y el lavabo. Cuando
Álvaro se convenció de que levantarse él era ya lo único que faltaba,
saltó del lecho y recibió la ducha, envolviéndose en un capucho con
el cual le ayudó a secarse y friccionarse el mismo sirviente.

Algún tiempo después la calle otoñada y fresca despejaba su
cabeza y la misma aceleración de un paso aguijoneado por la curiosidad iba desvaneciendo la flojedad y cansancio, que invariablemente
en las primeras horas de su día experimentaba.

Atravesó la Castellana, y dejando a su espalda el Obelisco[10], ganó
el solitario arrecife que conduce al final de la calle de Serrano, sitio

---

10   Se refiere al monumento construido por Javier Mariátegui y José Tomás entre 1833 y
      1835, en conmemoración del tercer aniversario de la futura reina Isabel II y situado en
      la plaza Emilio Castelar, en el contexto de la urbanización del recién creado Paseo de la
      Castellana.

abierto y culminante desde el cual se aprecia bien la belleza de toda la barriada y el paisaje accidentado, libre a trechos, desnudo, que tiene como límite la Sierra.

Blanqueaban en ella las nieves formando estrías y regueros a lo largo de las vertientes moradas, y cimeras nubígenas[11] semejantes a tules grises o tornasolados coronaban la serie de picos y dentellones que rematan aquella extrema cortina.

Algunos mojones amarillentos se gallardeaban como afirmaciones en los barbechos y cerretes próximos, por los cuales perezosas ovejas diseminadas hacían vibrar el aire con el lamento de sus esquilas.

Álvaro se detuvo para contemplar una vez más el espléndido paisaje siempre nuevo, rico en vida y color como ninguno, superior sin comparación a cuantos ofrecen las afueras. Un tenue vapor casi invisible en el cual los ojos sorprendían brillando sospechas de puntos diamantinos, pesaba delicadamente sobre colinas, hotelitos y jardines que renovados y con tonalidad más pronunciada, esperaban pasivos la caricia de un sol joven.

Después avanzó por la plazoleta engravada. Hay en aquel sitio, urbanizado a medias, una casa, una sola, altiva y despejada como atalaya. Su zócalo le componen fuertes sillares de granito en que se apoya la blanca imposta[12]. Parten de ella varias líneas de huecos y sus jambas de yeso corridas hasta el tejado según ejes fijos; llenando los entrepaños conforme la construcción corriente en la corte, el tan socorrido como llamativo ladrillo rojo fino.

Llegó Álvaro hasta allí, siguiendo la línea del edificio por la calle de Diego León. Miró al paso la peana del último balconcillo bajo, y continuó acera arriba su paseo hasta perderse en el campo.

Todas las mañanas hacía aquello, por capricho al parecer y sin objeto extraordinario.

Databan tales paseos de pocos días antes y repetíalos al anochecer emparejando con la misma casa y balcones; desde la noche en que sus ojos, pegada a un marco, impasible y sonriendo, descubrieron allí una belleza como de veinte, alta, parda, con una expresión de abandono, de obstinado alejamiento que le cautivó. Era de facciones blandas y suaves, cejas finas como trazos maestros de mano afortunada, seno y caderas amplias, cayendo la ropa sobre estas maravillas con divina

---

11 *Nubígeno*: que se engendra en las nubes. Se trata de un cultismo muy inusual que el autor utiliza para intensificar la descripción de la sierra.

12 *Imposta*: faja que recorre horizontalmente la fachada de los edificios.

sencillez y acierto. Parecía una escultura de la decadencia, una Polimnia[13] colocada por el supremo artista de las actitudes. Tenía ojos grandes, asombrados y esa ligera laxitud de músculos, que el desaliento o los estados de tristeza sostenidos, acaban por fijar en el rostro.

Una sola mirada bastó para que el joven se diera cuenta de todo esto y para sentirse atraído hacia aquel vaso de dilección abandonado que decía sin hablar lo que las corolas solitarias desde las márgenes de los senderos al inclinarse al paso del viandante distraído.

Con su actitud, con la libre expansión de sus pétalos afinados en la soledad, parecen insinuar todo un poema de ardores incubados:

—Detente tú, que pasas. Tómame. No me dejes.

Al volver sobre sus pasos para fijarse más en ella, Polimnia desapareció: Alvarito Pacheco tenía, sin embargo, bastante; acababa de hallar un estímulo, algo que podría tal vez sacudir el marasmo invencible, la dejadez enfermiza meses y meses sostenida como maldición que no pudiera esquivar y a la cual no había logrado sustraerse, no obstante cuantos esfuerzos hicieron por ello él y los suyos[14].

Desde el llorado fin de María de los Ángeles, su desilusión, el mal de fastidio que le consumía, se había ido agravando produciéndole crisis ansiosas, de pena insoportable, que le secaba las fuentes mismas de la vida y bajo cuyo peso creía a veces morir. Recordaba a su hermana en la precocidad, en la sed inextinguible de algo que no acertaba a definir huyendo continuamente ante él; en el desdén por las pequeñas vanidades de los hombres, en la inquietud y angustia perpetuas, en la desolación interior que agostaba todo impulso apenas nacido; en las facciones, en el color de cabellos y piel nublados como el alma por una indefinible obscuridad. Observándose, estudiando su propio documento con tenacidad de maníaco, había acabado representándose a sí mismo como animada pantalla donde la vida y los seres solo sombras lograban proyectar[15].

---

13 *Polimnia*: en la mitología griega es la musa de la poesía lírica sagrada. Hay que reparar en este párrafo en la analogía que se establece entre la realidad y el arte a través de la comparación con «una escultura de la decadencia»; la atracción hacia Berta está en primera instancia mediada por imágenes artísticas, como esta que acabo de señalar, o más adelante, los grabados modernistas de Iencessse. También conviene señalar que el estatismo de la escena y la belleza idealizada de la joven evocan el tratamiento de la imagen femenina desarrollado por el prerrafaelismo.

14 Desde el primer contacto con Berta, la atracción amorosa se vincula a la condición psicológica de Álvaro y se presenta como un estímulo que rompe con la apatía que abruma al personaje. Recordemos que la apatía, el apagamiento espiritual resulta uno de los síntomas más evidentes de la sensibilidad del héroe finisecular.

15 Se alude aquí a *Del jardín del amor* (1902), novela protagonizada por la hermana de Álvaro, María de los Ángeles quien, como él, adolece de una hipersensibilidad que raya en lo enfermizo, que acabará con el gesto tan propio de los héroes decadentes, de separarse de la sociedad moderna y encerrarse en su propia subjetividad.

Creíase firmemente en posesión de una máquina imperfecta y evitaba con un cuidado minucioso cuanto pudiera contribuir restarle un nada de fuerza.

Había llegado en esto a un refinamiento increíble, perteneciendo a esa categoría de individuos cuya continua preocupación de sí les hace ser considerados como supremos egoístas, no obstante estar desmintiendo a cada paso tal condición con actos de desprendimiento tal vez heroicos[16].

Lo que el mundo creía egoísmo era sencillamente instinto conservador; espíritu de ahorro y reserva, común a todos aquellos que fija la vista en fines superiores bien o mal definidos, y hallándose para alcanzarlos en posesión de un menguado caudal inincrementable lo defienden, con celo sobrehumano para que ni un solo milésimo se pierda sin efecto. Obedecía también el falso egoísmo a falta nativa, a una pereza de espíritu enorme que le hacía desinteresarse de cuantas cuestiones, sin relación con dos o tres que le absorbían, pudieran suscitar las gentes a su alrededor.

Este complejo de condiciones, la indecisión en la voluntad y consiguiente falta de satisfacción para el alma, le daban donde quiera que fuese el aire de un extraño y habían fijado en su cara una huella de cansancio, una expresión singular de parálisis y alejamiento que a pocos escapaba y a los más hacía pensar[17].

Acabó por enterarse de ello y no trató de corregirse, hasta averiguar cierto día que su caso tenía, al menos, en la historia un precedente conocido; el de la marquesa de Desffandes, tan ilustre por su inteligencia como por su aburrimiento, aun comparada con grandes aburridos[18].

---

16   Este párrafo alude a dos conceptos aparentemente contradictorios –egoísmo y heroísmo– pero muy estrechamente ligados en el mapa cultural de la segunda mitad del XIX. Si el egoísmo es uno de los muchos síntomas reconocibles del sujeto degenerado, el heroísmo no deja de remitir a la célebre descripción del dandismo realizada por Baudelaire en *El pintor de la vida moderna* (1863) en la que aluda al fenómeno como «el último destello de heroísmo en las decadencias». Precisamente la figura del dandi, a la que Álvaro se aproximará conforme avance la novela, es una de las imágenes privilegiadas de la cultura finisecular: ejemplo de la hipersensibilidad moderna, también es leída desde otros parámetros como sujeto patológico y degenerado.

17   Nótese cómo en la descripción de Álvaro concurren muchos de los síntomas asociados a la descripción clínica de la degeneración: falta de voluntad y parálisis que puede reconocerse también en el término clínico «abulia» popularizado por Théodule Ribot en *Les maladies de la volonté* (1883) y muy popular en la cultura literaria de la época.

18   La alusión a un pasado familiar aristocrático es otro de los clichés más abundantes cuando hablamos de dandis o de héroes decadentes. Des Esseintes, protagonista del breviario decadentista por excelencia, *À rebours* (1884), de J.K. Huysmans, posee ese rasgo, como otros muchos protagonistas de la literatura del período.

La idea de evitar toda semejanza le puso al punto sobre sí cuidando desde entonces de su exterior apariencia con alguna mayor atención. Por fin le pareció la farsa despreciable y siguió viviendo libremente.

Las circunstancias vinieron a favorecer esta inclinación. Muerta María de los Ángeles, padre e hijo continuaron tan extraños el uno para el otro como siempre habían sido; los lazos superficiales que ligaban a aquellas dos almas rígidas, encerradas cada una en su torre incapaces de transacción en las relaciones corrientes de la vida, acabaron por desaparecer encastillándose más y más el político en el mundo de sus proyectos y esfera particular de acción, mientras Álvaro, como espíritu solitario, vagaba tristemente por el jardín, perdido días enteros en sueños sin finalidad, inconsistentes o rondaba de noche por calles alejadas pidiendo a la tuna, a los árboles y a las casas, efectos que calmaran su sed enfermiza de vaguedad y poesía.

Con frecuencia, en este nocturno deambular, asaltaba su imaginación el recuerdo de la hermana muerta, extinguida por sí misma, por sus propias ideas y sugestiones, tósigo[19] mortal que se había complacido en apurar a sabiendas durante los días de su vivir penoso. Recordaba las noches que solos en un mismo cuarto, pegado ella, abrumados los dos por un gemelismo singular de impresiones apoyaba la cabeza en su hombro y cerraba los ojos anonadado, mientras María de los Ángeles los abría intensamente fijándolos en el balcón abierto, como una puerta de liberación por donde entraban el ruido exterior, aires de villa activa y fecunda y el resplandor discreto de los faroles que daba tintes de misterio al interior donde una y otro desfallecían.

Partía de ella siempre el impulso. ¡Salir, salir! era la voz que la empujaba a todas horas, que oía día y noche dentro de sí; dejar lo conocido, huir los sitios odiados y perderse por caminos y calles donde hallar algo nuevo, sensaciones distintas que estimularan siquiera levemente su espíritu insaciable. Álvaro, adivinaba la voz aquella bajo el hombro que le sostenía; la sentía correr con estremecimientos de impaciencia por las venas y músculos de María de los Ángeles, que acababa alzándose bruscamente, decidir a su hermano y salir disimulada con un velo, nerviosa, casi delirante.

Obedientes los dos a aquel ciego frenesí pasaban y repasaban calles

---

19   *Tósigo*: la palabra tiene una doble acepción que está presente en la frase: veneno, por un lado y angustia o pena, por otro.

ignoradas, corrían los suburbios, las vías limpias del Madrid nuevo, apresurando el paso unas veces, deteniéndose otras sin motivo; o bien aventurándose en las rondas bajas pegados como malhechores al muro de edificios inmundos, respirando a todo pulmón el hedor de infierno que vomitan las negras madrigueras de la miseria, descubrían los límites exteriores y cogidos del brazo vagaban con un eretismo[20] especial de las almas por obscuras carreteras, cuyo extraño silencio y soledad de tanto en tanto turbados por silbidos agudos, les producían escalofríos de terror haciéndoles oprimirse uno contra otro, mirar azorados a las sombras[21].

Recordaba como en una de estas revueltas por el bajo Madrid llegaron los dos a las Vistillas y al viaducto desde allí; sobre la calle de Segovia[22]. Había un gran silencio por aquella parte y a gran distancia, en el fondo, se veían bultos semovientes de transeúntes pacíficos. El campo se extendía hasta lejano límite como un manchón obscuro que surcaban en todas direcciones líneas de luces inmóviles. Parecían almas en éxtasis de los suicidas; espíritus pensativos penando melancólicamente en limbos sombríos. María de los Ángeles se había aproximado a la barandilla y medía con los ojos la altura; estrechó la mano de Álvaro y le invitó a morir. Dos guardias les observaban al extremo del puente y un grupo de árboles desde la calle, elevaba hasta los jóvenes sus copas frondosas, como invitándoles a la excelsa libación. Álvaro, tentado, vacilaba. El ruido de un coche le distrajo y pudo arrastrar a su hermana hasta las claridades de Palacio.

Los menores detalles de aquellas escapatorias peligrosas volvían a su imaginación haciéndole cada vez más borrosa e incomprensible la figura de María de los Ángeles, la noble, a cuya lentísima agonía

---

20 *Eretismo*: exaltación orgánica.

21 De nuevo en este pasaje aparece en varias ocasiones otro de los tópicos de la época, la *flanêrie*, elevada a tipo literario característico de la modernidad por Charles Baudelaire en *El pintor de la vida moderna* (1863). La *flanêrie* es ese paseo sin objeto y sin rumbo, en el que el *flâneur* vaga a la deriva abierto a las sensaciones que los nuevos entornos urbanos le ofrecen. Como se ve, el paseo a la deriva de los hermanos Pacheco mucho tiene que ver con la búsqueda de estímulos y novedades («perderse por caminos y calles donde hallar algo nuevo, sensaciones distintas que estimularan siquiera levemente su espíritu insaciable») y es ese impulso el que los conduce a espacios degradados de la ciudad, como el que se nos presenta en este párrafo y en cuya descripción se detectan tonos naturalistas. Ahora bien, mientras el naturalismo observa este tipo de situaciones con un supuesto ánimo objetivo y científico, la novela lo hace desde un punto de vista bien distinto: la mirada fascinada de los hermanos ante esa realidad extrema, repulsiva y seductora a la vez.

22 Se refiere a los Jardines de las Vistillas, situados en el centro histórico de Madrid y cercanos al Viaducto de la calle Segovia, un espacio conocido por la afluencia de suicidas que acababan con su vida lanzándose al vacío. Precisamente a esa conocida costumbre apela María de los Ángeles en esta escena.

hubo de asistir y cuyas últimas rebeliones, impotente, crispada ante un mundo que la veía desaparecer impasible o irónico, le habían trastornado de espanto.

Agolpábanse estos y otros recuerdos en la mente del joven, según iba discurriendo por sitios que se los despertaban, sintiéndose con ellos menos solo y distrayendo siquiera levemente la abrumadora monotonía de sus ideas invariables. Por temporadas aparecía con preocupación más o menos absorbente; nunca fresco y despejado. En vano se proponía reaccionar e inventaban sus escasos amigos medios para lograrlo.

Angustiábale, sobre todo, la sensación de apagamiento interior, una falta casi absoluta de estímulos que le hacía creerse extinguido antes de haber lanzado un solo y claro resplandor en la vida.

Por eso tuvo como señal venturosa presagiando futura salud el sencillo movimiento de curiosidad, que la vista de la parda Polimnia le había provocado.

Noche tras noche y a las mismas horas, rondó sin resultado la casa. Llevaba flores y dejaba al marcharse cubierta de ellas la peana del balcón; cuando a la mañana pasaba nuevamente las veía constantes en su sitio, los pedúnculos en arco, rendido a sus lados el primer par de opuestas hojas; besando las mustias corolas, agobiadas como cabezas orantes las maderas del hueco.

Tenían su mímica rara y expresiva y Alvarito imaginábalas pidiendo por él humildemente.

La curiosidad o un interés real hicieron que una noche el balcón aquel se abriera. Encuadrada en el marco y sobre el obscuro fondo se destacó la misma cara dulcigrave, los cabellos partidos en ojiva sobre la frente, la boca incitante, silenciosa, los ojos pasmados e interrogadores.

Iluminábala el creciente de la luna y daba el cuadro en conjunto la impresión de una enorme *plaquette*[23]; semejante a esas que en el moderno arte de la medalla han hecho la reputación de Iencesse[24]. Podían apreciarse la propia nota de sencillez y profundidad, el aire de intimidad y afable ternura característicos en este artista ponderado.

Álvaro se acercó y ella quiso escucharle. Así comenzó su relación. Cambiados los nombres, Berta dijo quién era, quién le acompañaba

---

23 *Plaquette*: medalla conmemorativa.
24 Ovide Yencesse (1869-1947) escultor y orfebre francés, famoso por sus retratos en medallas de estilo *art nouveau*.

y cómo vivía. Su voz salía semi-apagada y dulce de los labios casi inmóviles llegando al oído como una caricia blanda. Producía un encanto tranquilo, algo como adormecimiento del espíritu e invitación
a soñar.

Declaró así mismo que vivía acompañando a su madre proce-
diendo las dos de una provincia gallega donde tenían su nativo solar
y hermano en él, e hijo, respectivamente; contaban, además, no tan
lejos, con algunas personas que por la felicidad de las dos se interesaban.

Un extraño sentimiento de amargura descubríase en el fondo de
aquel hablar suave como murmullo sosegado; mostraba Berta tendencia a mantener baja la cabeza y a mirar obstinadamente al suelo;
reía poco marcándosele lateralmente al hacerlo y envolviendo las co-
misuras, dos arcos pronunciados que, en su cara medallina dibujaban
una mueca penosa. Veíasela variar continua y delicadamente de expresión mientras hablaba, según suelen hacerlo esos temperamentos
habituados a la sinceridad, poco hechos a ocultar sus estados interiores; entre las cejas comenzaba a perfilársele un surco vertical, y
afectaba toda ella apariencia de serena superioridad, distinta de la insoportable altanería que frecuentemente ofrecen personas colocadas
gracias al acaso y no por sus méritos, en condiciones de recibir la ajena
pleitesía.

Estudiando su modo de hablar, el fondo de cuanto iba expresando,
atenta siempre a los menores detalles, Alvarito adivinaba más que el
resultado de una educación, deseo deliberado de agradar; esa dolorosa
tendencia a cuidar de los demás, frecuente en gran número de com-
batidos; dando mayores visos de probabilidad a tal suposición la palidez intermitente del semblante conocida por cuantos detestan el esfuerzo o están de ordinario bajo el influjo de emociones deprimentes.

Contó también desgracias de su madre, males y desventuras que
juntas pasaban. Escuchábala el joven pensando que tal vez no fueran
tan graves, hasta atribuyendo la mayoría de ellos a natural inquietud
y falta de peso de espíritu femenino, que generalmente, sin querer,
todo lo complica y desconcierta, forjando duelos imaginarios que
luego padece como si fueran reales; o suscitando por conceptos equi-
vocados y pequeñas pasiones, mil extrañas tragedias.

Únicamente así, se explicaba que la buena señora no teniendo desgracias extraordinarias que lamentar, se creyera la más desventurada de las criaturas.

Según Berta, su madre vivía bien y alegre cuando en sí no pensaba; a ratos decía sufrir del corazón y tenía perdida la sensibilidad del lado derecho, sirviéndole muy mal los miembros correspondientes; de ello resultaba una invalidez relativa, mayor unos días que otros, para los menesteres ordinarios de la vida; y una dependencia necesaria de los que se prestaban a acudir en su ayuda, siendo esta esclavitud quien la tenía contrariada y hasta fuera de sí muchas veces.

Álvaro pudo conocerla precisamente durante aquella primera entrevista que de Berta lograba. Traída por esta, que demostró deseos de presentársela, llegó Adela renqueando, dejándose ir indolentemente, hablando alto, acusando mucho el acento marcado de su tierra, con un tono doliente que impresionaba.

Era una señora alta, de belleza pretérita, desmadejada, laxa por esa dejadez y abandono frecuentes en nuestras mujeres desde que atraviesan la cuarentena. Su cabello, de un rubio anterior, blanqueaba; la piel marchita, cubriendo carnes caídas a lo Rubens, conservaba todavía el color saludable de años mejores.

Hablaba a chorro sin detenerse; pasando por extraña e inesperada asociación de unos asuntos a otros privados entre sí de todo lazo posible.

El descendiente de cien Pachecos, estaba embobado oyéndola; sentía la sorpresa que produce toda cantata nueva. Verdad es que a partir de aquel día, esquivó cuanto pudo el oírla, porque era siempre el mismo quejarse, el monótono batir sobre los mismos yunques, la misma charla incoherente, suelta y deslavazada, arrastrando frases lamentosas, con las cuales pintaba Adela, algunas veces sentimientos; casi siempre sensaciones materiales, reacciones ingratas de su cuerpo flojo y decadente.

Relatando sus pesares adquieren las mujeres un atractivo particular, se hacen simpáticas, poseen el don de penetrar el alma a quien las escucha; de llegar como nadie con sencillas palabras a los fondos más íntimos, difundiendo allí dentro un perfume suave de amor o de experiencia vivida que embalsama y complace.

Tenía Adela el mirar de una dulzura dolorosa; los párpados algo caídos, descuidado el cabello, el cuerpo suelto y las facciones mustias; vestía mal, dejando las supervivencias de su coquetería para la ropa y limpieza interiores; cantaba toda ella la elegía de un palmito pasado, como esos paños antiguos que, deslucidos por los años, nos dan todavía desde las vitrinas del coleccionista, aproximada cuenta de lo que fueron, dejándonos sobre ello la suavidad del ensueño.

Sin reposar contó infinitas cosas, habló de su padre, el viejo general, avisado y corrido señor que pensando acerca de las mujeres, con criterio personal no muy galante, cuidó siempre de tenerla rigurosamente confinada en la provincia, mientras él se disolvía alegremente en huelgas cortesanas; habló del hijo que en el rincón nativo quedaba hecho ya hombre, como si fijamente le tuviera perdido para siempre; habló de disgustos matrimoniales, del desencanto sufrido en una unión fría, que aunque la sentara, jamás la vio brindando en el banquete del amor; relató trances angustiosos de su vida pasada, pintando con dramáticos tonos crepúsculos de escenas que no llegaba a detallar, o declarando los sucesos de manera que viniese ella a resultar heroína honrada a quien la fatalidad perseguía.

Explicábase a media voz, misteriosamente, como si refiriese sucesos peligrosísimos o comprometedores; usaba grandes rodeos para referir cosas sencillas que no se atrevía a nombrar con naturalidad, dando a aquella su charla dolorida, miedosa, el aire de gravísimo relato, salpicado de interjecciones, ademanes y gestos. Discurriendo acerca de la injusticia, desamor y brutalidad de los hombres se exasperaba; más adelante condenábase a sí misma, pidiendo al cielo la dejase volver a nacer para conducirse bien de otra manera, y por rutas que la hicieran posible vivir sin enemigos.

Comprendía Alvarito que la excelente señora estaba muy poco complaciente con la verdad, faltándola más de lo debido en medio de la mayor buena fe y hasta creyéndose a sí misma; pero así y todo estimulábala a declararse íntegramente, cosa que ella hubiera hecho por sí hasta caer rendida.

La noche, sin embargo, avanzaba, sentíase fresco y la presencia de algunas sombras morosas de las que rondan a media noche por las calles desiertas o entre los materiales de edificios en construcción, acabaron por decidir la retirada de aquellas buenas almas que llenando de recomendaciones al nuevo conocido, encaminadas todas a librarle de peligros reales o ilusorios, le despidieron acompañándole con la vista un buen trecho.

Alvarito oyó cerrarse el balcón, abierto aquella noche para solo él, y atravesó la Castellana con una satisfacción interior muy apreciable, convencido como parecía de varias cosas en las cuales no había fijado su atención hasta entonces o que estaba muy lejos de sospechar pudieran ocuparle.

Primeramente se confesó a sí mismo que contaba con una nueva amistad, un amor ya, muy de su gusto; después se confesó que llevaba traza de ser incomparablemente más distraído y saludable comunicar con otra persona y poner afección en ella, que decírselo todo a sí mismo y permanecer años enteros viviendo solo por sí y para sí.

Hubo también de confesarse que cada nuevo carácter con quien se pone el hombre en relación, es como un rayo de sol que por su espíritu adelante penetra, comunicándole animación e interesándole por lo menos hasta tenerlo del todo conocido; y, finalmente, acabó por declararse que hay en el mundo personas dignas de compasión o por lo menos de tutela, incluyendo entre ellas a las dos mujeres con quienes acababa de hablar, considerándolas abandonadas a sí mismas, como tantas habría, temblando ante todo, complicando por errores de apreciación, falta de medida y de capacidad crítica las cosas más sencillas; propensas siempre a ver intrigas y tenebrosas maquinaciones allá donde solo claridades podían descubrir ojos sensatos.

Con este estrambote[25] de consideraciones llegó a su casa contento. Le abrió Cipión, quien semejante a bruto leal esperaba a su señor las noches que con él no iba[26].

Gimió la verja al girar para darle paso metálica interjección; respondió sobresaltada Betty desde su caseta, primero con un ladrido de furor, luego con otro alegre de reconocimiento, y las ramillas altas de los cedros y fotinias[27] movidas por una brisa ligera, dieron a su modo también la bienvenida la al posesor futuro de la finca. Alvarito amaba su jardín y gustaba de atribuirle un alma amiga.

---

25   *Estrambote*: versos que suelen añadirse a modo de cierre al final de un poema de estructura fija. Coletilla.

26   El nombre del criado de los Pacheco alude evidentemente a uno de los canes protagonistas de *El coloquio de los perros* (1613), una de las *Novelas ejemplares* de Miguel de Cervantes. La referencia alude a la lealtad del personaje, de ahí su paralelismo con un perro, motivo que reaparece en varias ocasiones a lo largo de la novela.

27   *Fotinia*: planta arbustiva de vistosas hojas perennes de color rojo.

Al entrar en su cuarto creyó hallarlo más alegre; el interior alivio, la frescura que sentía difusa dentro se proyectaban una claridad particular sobre aquel rinconcito limpio, conocido, claridad que sus ojos percibían muy bien, y que solo ellos podían en todo su valor apreciar.

Tenía la costumbre de correr todas las noches el pasador que le incomunicaba, por unas horas, con las personas de casa; era un resto de temor mal curado, una reliquia de los terrores infantiles; no hubiera podido pegar los ojos, sin antes cerciorarse de que la precaución estaba tomada.

Aquella noche, sin embargo, las nuevas ideas le distrajeron y se olvidó de todo.

A pesar de ello durmió tranquila y blandamente, con sueño de buen niño mimado; como no había dormido en mucho tiempo atrás.

II

Una de las cosas que más interesaban a Alvarito en sus relaciones con los demás, era el hallazgo de personas cambiantes.

En el fondo se sabía con un grupo de ideas a las cuales continuaba obstinadamente fiel; pero en todo lo demás obedecía al capricho, a la inspiración del momento y le agradaba ver sancionada, en cierto modo, esta condición comprobándola en otros con caracteres más absolutos aún.

Hay personas que cambian de aspecto, de carácter y convicciones, cada día, cada hora, en el discurso de una conversación. La distancia que las separa de aquellas venerables figuras medioevales que hacían de la constancia una religión, no tiene medida posible.

Analizándose había descubierto que el fondo de ideas en él inmutable estaba formado por las que se referían a proporcionarle tranquilidad y libertad de acción. De lo demás nada le importaba esencialmente.

Tenía la irrefrenable tendencia crítica de las razas que han vivido demasiado, la manía juzgadora de las estirpes que se disuelven en la inacción, y disecando uno tras otro los placeres o pesadumbres de la vida, las ambiciones o ideales de los hombres, había encontrado pronto el lado grosero, vano o ridículo de todas estas cosas, procurando por cuantos medios pudo, emanciparse de ellas[28].

Así le inspiraban concentrada lástima los cerebros sencillos que haciendo presa en una idea se dejan matar antes que transigir con cualquier quiera otra que se les oponga, a imitación de los antiguos limitados cuando en medallones o sortijas del oro más puro, rodeando tal vez a figuras inapreciables de un arte primitivo, grababan con re-

---

28   De nuevo encontramos una descripción saturada de términos e ideas desarrollados en la crítica cultural del momento: la volubilidad de carácter de Álvaro se relaciona aquí con la decadencia de las razas, cuestión que había sido ampliamente glosada por Max Nordau en su influyente *Entartung* (1890), quien precisamente abre su monografía, dedicada a la disección clínica de la sensibilidad moderna con un capítulo dedicado al «crepúsculo de los pueblos».

ferencia a platonismos políticos o amorosos, leyendas como esta en viejo francés de la época:

I MIEV MOVRI QVE CHANGE MA FOI [29]

La libre independencia del carácter referida a ideas le entusiasmaba en el hombre y rendía culto a la mujer que en el terreno del sentimiento la demostraba.

Gran parte del interés que Berta, mujer de una sinceridad primitiva y en reacción continua, le había inspirado, fundábase en eso, en la variedad de estados que le mostraba aquellos primeros días de relación, cambiando a cada momento; pasando de una delicadeza marcadamente femenina a ratos de egoísmo intransigente; desde el apasionamiento inesperado a exabruptos de odio y repulsión.

Tenía sobre ello la particularidad de no repetirse jamás; como si en ausencia de él preparara combinaciones sabias de sentimientos para luego sorprenderle con ellas, el joven encontraba cada día distinta mujer, viéndose obligado a variar también y ser cambiante como Berta para amoldarse a cada nueva fase.

Estas alteraciones y mudanzas contribuían a sacudirle y despertarle el alma, disipando poco a poco el decaimiento que le hacía parecer sonámbulo inconsciente entre personas activas y despiertas[30].

Comprendiéndolo así, Alvarito se dilataba satisfecho admirando la sabiduría de muchos que le habían con anterioridad aconsejado el mismo expediente para remedio de sus males.

Tomando en consideración la sinceridad y variabilidad incongruente de la joven se explicaba lo fácil que le fue hacerse dueño de sus sentimientos que otras recatan y tardan en rendir. Mutuos deseos de confianza unidos la analogía bastante acentuada del pensar, habían acelerado la intimidad entre ellos y en medio de la moderación que inspiraba sus entrevistas hallaban modo de bogar a todo trapo, largamente por las aguas siempre nuevas de Citerea[31].

Álvaro atendía con una particular tensión de sus sentidos al aura amorosa que de Berta emanaba, sintiéndose oreado por ella. Gustaba

---

29   «Mejor morir que cambiar mi fe».

30   Tras las detalladas descripciones de la sensibilidad de Álvaro, plenamente marcadas por el modelo de la decadencia y la degeneración, empiezan en este punto a aparecer las primeras referencias al carácter de Berta. La volubilidad que se apunta en estas líneas apunta ya hacia los mismos lugares comunes que hemos señalado en el caso de Álvaro.

31   *Citerea*: isla griega situada en el mar Jónico y también uno de los nombres de Afrodita, diosa del amor en la mitología griega.

transportado la suavidad de su dilección, el sutil adormecimiento que caricias sin trascendencia tan delicadas como espontáneas le producían.

Eran atrevimientos humildes, casi instintivos. Cuando no lloraba ni aparecía quejosa los prodigaba siendo original en ellos.

Paseando, a hurto de todos, hallaba ocasiones de colgarse rápidamente de su brazo, pesando sobre él y descubriendo a medias secretos que le intranquilizaban; o bien tomaba su bastón, prendas suyas, con las cuales marchaba marcialmente afectando un aniñamiento adorable besándolos otras veces y haciéndole presión con ellos como si fueran algo de él, de su misma substancia formados.

Con frecuencia la sorprendía mirándole, agrandando los ojos, silenciosa en una especie de muda adoración, confirmada cuando tomándole una de sus manos la besaba rozando contra ella su cara. Todo rápido, fugaz, recatándose de las gentes que hallaban su paso, con el cuerpo u objetos al brazo, los cuales sabía admirablemente llevar.

Pacheco, reviviendo, sentíase en un mundo desconocido. Su largo reposo afectivo había desvanecido en él o poco menos toda impresión de este género y navegaba por el nuevo mar con la ingenuidad propensa a la admiración, del novato que avanza entre sorpresas.

Tan pronto aquel rostro apacible de rasgos suaves ablandados por ese sello de reposo apático que suele con frecuencia encubrir almas volubles y perversas le inspiraba afecciones del acento más puro, como le intranquilizaba despertando en sus carnes el diabólico espíritu de las pasiones aberrantes.

Venía entonces a su mente el recuerdo de las noches de enervamiento, cuando la imaginación perturbada y enferma, inquieta con raras visiones el lento desfilar de las horas, representando a graves personas conocidas malvándose en escenas bajas y degradantes; a altivas o devotas señoras corriendo a corromperse como irracionales que se satisfacen en el fondo sombrío de los bosques. Noches de pesadilla y horror, en las cuales los labios creen percibir el beso de bocas animales, densas y cálidas, la piel se crispa al contacto de repugnantes cuerpos vellosos y penetran las potencias con una extraña fruición el oculto sentido de las perversiones, la complacencia insana que fluoresce en el fondo violado de las copas de amor impuro[32].

Hay mujeres que inspiran solo bondad, sentimientos altos y

---

32 Parte sustancial de los tópicos de la decadencia es la atracción por formas de erotismo perverso, aberrante y anómalo, adjetivos que se utilizan para explicar parte de las sensaciones que experimenta Álvaro ante Berta.

nobles; las hay que cantan en cada movimiento, en cada actitud con cada una de las glorias de su cuerpo el alegre ritornelo de los amores fáciles, o la locura grave y doliente de pasiones anómalas.

Berta presentaba cuando uno cuando otro de estos varios aspectos.

Por una frecuente aberración dejaba casi a diario en las manos consagradas del director de su alma la carga de la conciencia atormentada, desmayando de amor durante el día cuantas veces le era dable entre los brazos protectores del joven.

Tenía la inseguridad de principios o debilidad moral frecuente hasta en muchos impositores de disciplina, pues en todo tiempo los hubo que a la pureza de una doctrina predicada y defendida opusieron, faltándoles el dominio de sí, una conducta disconforme con ella.

Era a la noche, en la intimidad del balcón cuando su voluntad desfallecía. Como pájaro a quien un duce sonsonete adormece, perdida en el deliquio[33] de verse amada, quedábase inmóvil a mitad de la charla de Pacheco apretada y cálida, llegando hasta ella sin casi rumor, acariciándole el alma como sabio roce de un raso fino y enervante.

Era entonces cuando estaba más bella; cuando sus ojos destellaban fuego inquietante, cuando sus labios ansiaban y pedían sin palabras, cuando las alas de su cabello como ave parda, devoradora, abatiéndose desde la región obscura se acercaban al joven para sacudirle e insinuarle en el sutil lenguaje de las almas la imprecación del divino cantor:

Love me and leave me not: Ámame y no me dejes.[34]

Alvarito experimentaba la misma impresión que llevan a la conciencia los grandes amores del espíritu. Rara tensión de todas las potencias coincidiendo con una suerte de eretismo cerebral[35] que lleva a los rincones últimos del cuerpo el dolor de placentera quemadura.

Hay amores sencillos, fáciles de aplacar, que siguen tranquilamente su ciclo y quedan satisfechos con las primeras concesiones que logran; los hay que posesionan de los centros, arraigan en las obscuras fibras escondidas y desde allí se quejan imprecando, pidiendo siempre más.

De estos últimos era el que Pacheco empezaba a sentir frente a aquella mujer singular que odiaba o quería sin transición y se con-

---

33 *Deliquio*: éxtasis, desfallecimiento.
34 Alude a las palabras pronunciadas por Graciano en la escena primera del acto V de *El mercader de Venecia*, de William Shakespeare.
35 *Eretismo*: exaltación de un órgano, en este caso el cerebro. No resulta casual que la palabra abunde en la novela junto con otros términos que conectan un estado de ánimo hiperexcitado con una causa fisiológica u orgánica, como es el caso, ya que buena parte de la literatura médica de la época establece esta relación.

fiaba de manera desconcertante, haciéndole dudar si sería todo ello práctica del hombre, hasta quizás aburrimiento de él o el resultado de un soñar continuo y ardoroso.

Al final del amante abandono, veía la tempestad del odio formarse con rapidez bajo la frente disminuida por el tocado; fulgurar en sus ojos felinos relámpagos de asco, desilusión y ferocidad. No sabía a qué atribuirlo; siempre fue lo mismo.

Todas las noches, a la misma hora, llegaba Alvarito al balcón donde Berta le esperaba disimulándose tras las maderas. El secreto particular de estas entrevistas enciende los sentidos como aroma penetrante y espirituoso

La sensación de caricias materiales no es comparable a la inquietud que el misterio y la proximidad producen allí donde, por lo común, todo es silencio o murmullo desvanecido. Sabe la voz de la amada a insinuante ceceo, a lenguaje de las entrañas salido sencillo y sin adornos; la mujer misma se transforma, parece otra distinta. En algunas estufas, capaces y suntuosas, claros templos de Flora, había visto el joven ejemplares de oxalis y rinquinosias, plantas místicas que a la noche pliegan sus hojas, se hacen tristes y péndulas, cambian extrañamente de aspecto. Por una asociación inmediata comparaba a Berta con ellas.[36]

Su figura mudaba al acercarse al locutorio de amor. Como de natural muy sincero cada grupo de ideas determinaba en ella gesto propio, una actitud característica.

La proximidad del amor la sumía en un recogimiento suave y preocupado; sus brazos desmayaban a lo largo del cuerpo, volvía más pálida, crecía en intimidad e interés la ojiva de su cara, y el seno, alzándose con dificultad a cada inspiración parecía contar la historia lamentable de corazones que se retuercen en calladas ergástulas[37].

Las cintas carminosas de sus labios estrechábanse en hocico, emitiendo una voz semi-velada y plañidera como una queja trágica, aun en los mayores apasionamientos, en los supremos instantes de entrega moral y de abandono ardiente.

Era en efecto una sensitiva a quien la menor cosa descomponía

---

36   La asociación de la mujer con las flores es una imagen ampliamente cultivada en la literatura, a menudo como instrumento para exaltar cualidades como la fragilidad o la pureza de la figura femenina. No obstante, a lo largo del siglo XIX esta asociación deriva hacia espacios más turbios, ya sea porque la propia feminidad se percibe de manera turbadora, ya sea porque la naturaleza deja de contemplarse como un elemento positivo y transparente. En ese sentido, es muy significativo que la analogía entre Berta y las flores remita precisamente a flores de invernadero –es decir, cultivadas en un entorno de artificialidad- y cambiantes.

37   *Ergástula*: cárcel de esclavos.

moviéndose sus nervios extremados al son que el tiempo y los sucesos levantaban. Las noches de cielo limpio animábase y bullía; lloraba las lluviosas o enmudecía largos ratos, entornando los ojos, torpe de palabras, paralizado el pensamiento[38].

Durante las frías y tempestuosas se la hubiera creído otra mujer; poníase demacrada, hinchados los párpados, lleno el rostro de manchas y el espíritu de temores. Eran sus noches de alejamiento y perturbación; hecha un ovillo entre el marco y los hierros, temblaba, tomando con rara fiebre las manos de Alvarito que la miraba entre compadecido y enamorado, acariciándose contra ellas, estrujándolas hasta hacerse daño, tratando, al parecer, de arrancarlas para apropiárselo cuanto fuego tenían; mientras por fuera las luces municipales se agitaban desesperadas, cimbrábanse los sicomoros y coníferas de la que fue huerta de Cánovas[39], filtrando con intenso siseo las ráfagas y del fondo de vallecillos y jardines, subía el confuso fragor de plantas combatidas y hendiduras silbosas, embravecido por momentos como el gemir obscuro y apremiante de un monstruo raro.

Berta parecía anormal, alocada, pero su misma extrañeza de mosaico atraía los pasmados sentidos de Pacheco, haciéndole vivir cada minuto de distinta manera, maravillado ante aquel kaleidoscopio inagotable que le ofrecía combinaciones incontables de vida.

Su amor se revelaba en apasionamientos fugaces; relámpagos ardientes entre un aplanamiento o llanto deshecho y un estado de odio; el joven debía contentarse con ráfagas de ardor doloroso consecutivas a interminable período de preparación; punto de arranque de una repulsión feroz e invencible. Esto le hacía considerar las tristes normas de la moderna sociedad, en la cual la Naturaleza necesita sostener una lucha para aproximar a los sexos, quedando estos después ensartados contra ella como quien a la fuerza hallóse desviado de su camino para llenar a contrapelo una misión que repugnaba. Gran diferencia con

---

38   El adjetivo elegido para caracterizar a Berta, sensitiva, no es en absoluto inocente: constituye uno de los términos claves para referirse a la subjetividad moderna, marcada por la degeneración que, como señala Rubén Darío en *Los raros* (1896), se entiende como: «un resultado de la debilidad de los centros de percepción o de los nervios sensitivos». De esa causa orgánica emanará toda una condición del individuo, el carácter sensitivo, que Nordau y otros teóricos de la degeneración utilizarán a menudo para referirse a artistas de la época y que muchos de los autores del momento, como Llanas hace aquí, aplicarán a sus personajes.

39   Huerta de Cánovas: situada en el Paseo de la Castellana, había sido en sus orígenes un espacio dedicado a la horticultura, de ahí su nombre. Más tarde, fue residencia de los marqueses de la Puente y Sotomayor, cuya mansión quedó rodeada por un inmenso parque con estanques de mármol a la italiana, rincones melancólicos al gusto inglés y bosques y jardines. En 1887, Antonio Cánovas del Castillo se casó con la hija de los marqueses y a partir de ese momento fue conocida como «la huerta de Cánovas».

otras anteriores más naturales donde se daban amores libérrimos y sonrientes, tales como Watteau[40] y los bucólicos hubieron de pintarlos; amores que nacían y retozaban en Arcadias ideales, hechas para disfrutar en común del bien alegre de vivir frente a una Naturaleza lujuriosa incitante.[41]

Alvarito había sentido siempre y junto a Berta mucho más, la nostalgia del amor sano y continuo que nacido en el campo busca satisfacción con aldeanas frescas y sanguíneas como vacas bravías, sobre verdes alfombras de juncia y trébol; llenaba sus sentidos el aroma de las pasiones campesinas que inspiraron a Teniers[42], el aura alejada de amores corriendo a raudales en escenas sencillas de una ingenuidad y brutalidad primitivas, análoga a la inspiradora de aquellos artistas franco-flamencos que en sus obras de talla reprodujeron con un naturalismo despreocupado, escenas entre soldados o aldeanos y criadas de seno desbordante.

Recordaba muy claramente una talla de este género, vista sobre cierta *rape* en una vitrina de Cluny; la escena llevaba esta inscripción:

> Pour baiser cette villageoise
> Ce gaillard vous allonge un bec
> Long d'un toise. Et non content
> Du haut ou brillent tan d'apas
> Il vise encore plus bas [43]

---

40 Antoine Watteau (1684-1721) es uno de los pintores más representativos de la pintura rococó y especialmente famoso por sus escenas de carácter galante, impregnadas de un erotismo amable y festivo.

41 Como se ha apuntado anteriormente, la sexualidad y el erotismo son elementos claves en el contexto finisecular. La atracción por formas desviadas y perversas de erotismo no es una simple impostura, una atracción hacia lo prohibido, sino que contienen un fuerte potencial disolvente en tanto que crítica de la normativa sexual imperante. Precisamente este aspecto es el que destaca en este pasaje, donde Álvaro se lamenta de los usos sexuales de la época y los contrapone, con gran idealización, a tiempos donde el amor no estaba constreñido a una normativa tan intensa.

42 No está claro si se refiere a David Teniers (el Viejo) (1582-1689) o David Teniers (el Joven) (1610-1690), hijo del primero. Ambos son pintores flamencos famosos por sus pinturas campestres de escenas de la vida aldeana.

43 Esta cita parece inspirarse en *Mémoires du peuple français depuis son origine jusqu'à nos jours* (1866), de Augustin Challamell, en la que se desgrana el patrimonio artístico francés. En el volumen octavo se habla de las colecciones del Museo de Cluny y se detiene prácticamente en los mismos términos que utiliza Llanas en este objeto: una caja de rapé, de madera esculpida y con figuras en relieve que incluye esta «inscription risqué», es decir, un tanto pícara en la que un buen mozo besa a una aldeana y no contento con los encantos de su rostro mira más abajo. La alusión al Museo de Cluny tiene otro importante intertexto en *À rebours* (1884), de J.K. Huysmans; en la novela, Des Esseintes precisamente visita el museo y queda extasiado ante la belleza de los objetos expuestos. Broto Salanova (1992) considera seguro que Llanas visitó el Museo de Cluny en su viaje a París de 1900, probablemente llevado por la lectura de la novela de Huysmans. En cualquier caso, es una referencia muy significativa, ya que los hermosos objetos de Cluny aparecen también en el capítulo segundo de *Del jardín del amor* (1902).

Y repasándola en su imaginación comprendía la vanidad del tiempo presente, en el cual a estos fines naturalísimos y humanos se ha venido a sustituir por una desastrosa apreciación de la vida afanes vacíos, a los cuales se designa por nombres pomposos, gloria, riqueza, poder, menospreciando la única dicha cierta, como es la juventud, alegría del mundo.

El trato de Berta, que tales consideraciones despertaba en el joven, era no obstante, de un atractivo singular; conocía ella tan a la perfección arte de agradar y hacerse indispensable, que sin él darse cuenta, iba llenando su vida, tomando uno a uno los caminos de sus ideas y sentimientos, rodeándole de una atmósfera de su propia personalidad en forma que solo ella o a hechuras suyas sintiera constantemente junto a sí.

Una de las cosas que más satisfacen al hombre en los primeros tiempos de una afección, cuando esta se apoya en todo género de menudos detalles para tomar cuerpo y dominarle, es sentirse comprendido. Berta comprendía bien y al primer golpe de vista.

Tenía además sorprendentemente afinado el sexto sentido, que en general, solo la educación y la experiencia del mundo desarrollan; el de fijarse. Y tenía sobre todo, eso que constituye más especialmente la ciencia de la mujer; un archivo copioso de observaciones y juicios acerca de la vida, con una capacidad detallista, minuciosa que pasmaba; veíase en ella a la mujer inteligente y recluida, cuya actividad encuentra objeto en su interior, en el conocimiento de la vida que afirma y perfecciona, según lo revelan multitud de detalles y prácticas, diferentes en cada hogar. Recordaba algo a las viejas señoras provincianas que encastillándose en sus antiguos caserones observan y afinan introduciendo en las propias costumbres como en el gobierno del interior las modificaciones dictadas por un criterio particular siempre vigilante.

Por lo común en estos casos, el sentimiento de la personalidad adquiere proporciones grandes y cuanto lleve camino de menoscabarla es considerado como grave ofensa para cuyo castigo no se halla pena suficientemente dura.

La entidad individual lesionada es sin comparación más inexorable que la colectiva.

Algunas veces se revelaba en el rostro de Berta este natural recóndito, acompañando a una impetuosidad bravía y arrogante, de altanera águila real, según Pacheco los había observado frecuentemente en los soberbios tipos de mujeres ofrecidos por la chulería baja y por la aristocrática que en estos últimos tiempos viene alternando con las familias virtuosas de abolengo.

Según acontece en muchos casos de aislamiento voluntario el temor a ser engañadas, la desconfianza hacia los demás era nota dominante del carácter de las dos señoras.

Álvaro se esforzaba en tranquilizarlas.

Berta, dudosa, como amante que teme perder su bien y al mismo tiempo ser burlada por él le insinuó en una ocasión:

—Si me engañaras, te mataría.

—¿Con qué? –respondió Pacheco riendo. El drama había ejercido siempre sobre él una fascinación real y poderosa.

Por toda respuesta, Berta, se levantó y dio luz.

La estancia, un cuarto de soltera, adornado con sencillez, sin colgaduras, quedó por primera vez de manifiesto para el joven.

Llenaban las paredes retratos de amigas y parientes alternando con algunos grabados antiguos; sobre la chimenea se veían violeteros, chucherías, muñequitos metálicos y ramos de rojos claveles.

Un aspecto de limpieza, de cuidado extremo hacia resplandecer aquel interior, en cuyo fondo la blanca alcoba servía de asilo al lecho vestido como un ara: a reproducciones de Dolorosas en marcos de esmaltadas cañas y a un mueble mixto de reclinatorio y capilla donde todas las noches oraba la joven, pasando, según decía, con sincero y reposado fervor las hojas amarillas de un devocionario con tapas de piel antigua, broche y adornos de oro por remate.

El ambiente quieto, tradicional y sereno de la provincia parecía transportado allá; Alvarito, más inclinado por su natural a la reflexión que a la broma de dudoso gusto, miró todo aquello con un aire de curiosidad ingenua que hizo sonreír satisfecha y maternal a Berta, mientras le enseñaba un arma tomada de un velador, negra y amenazadora.

Estaba cargada: era uno de esos modernos modelos de pistolas que unen la comodidad de su manejo y la sencillez exterior a una delicadeza, complicación y precisión muy apreciables; y aunque Alvarito no podía tomar en serio que estuviera allí puesta tan a mano para servirle personalmente de blanco, un sentimiento de rara crueldad hacíale encontrar singular complacencia en jugar con ella, en acariciar curiosamente a la fierecita pavonada[44], de quien se aseguraba que podía destruirle.

Llegó a quererla y a interesarse por ella como por un amigo, cuya presencia se siente necesaria. Vino a ser el asunto entretenimiento de todas las noches; pocas, en efecto, se pasaban sin que Pacheco dejara de preguntar por el obscuro enemigo. Berta, diligente, se limitaba a iluminar la estancia, señalándoselo tranquilo y apuntándole desde la mesita esmaltada.

Los dos reían, especialmente el joven, que ni una sola vez, se detuvo a pensar en el peligro posible de tales juegos y en el real y verdadero que ofrece una persona o familia hecha a vivir ordinariamente el drama: su tristeza es comunicativa; sus inquietudes llegan a inquietar; su desasosiego se trasmite como una vibración y el trato diario con ellas hace a los espíritus más fuertes vacilar y desorientarse; desvanece la alegría inestimable de vivir.

Madre e hija comenzaban a perder la facultad de apreciar con justeza los hechos exteriores.

Lo de menos en el aislamiento es la abdicación que se hace del influjo sobre los demás. Lo realmente grave es el solitario laborar de una imaginación que busca sujetos en la vida interior alimentándose preferentemente de ella, intranquilizando con su actividad perturbadora; deformando las impresiones por los sentidos recibidas hasta trastornar la conciencia que trata vanamente de discernir y hacer luz clara en medio del creciente desconcierto.

Los hechos reales pierden sus contornos definidos, palabras o insinuaciones de conocidos y amigos toman ante el ánimo descorticado[45] proporciones desmedidas, lesivas apariencias o visos de intención molesta; y una susceptibilidad irritada, enervante, deposita sin intermitencias capas de ingratos sedimentos en el póculo[46] fecundo de la dicha.

Había llegado al fin el joven a presentir todo esto y a constituirlo en asunto de conversaciones como las que a menudo entretenían a los tres.

Supo entonces que el aislamiento de madre e hija databa de poco;

---

44   *Pavonada*: que ha recibido pavón, esto es, una capa superficial de óxido abrillantado con que se cubren las piezas de acero para mejorar su aspecto y evitar su corrosión.
45   *Descorticado*: carente de corteza o envoltura.
46   *Póculo*: vaso.

que recién llegadas habían frecuentado el trato de personas amables y que a una, sobre todo, debían buena amistad, no disminuida por su propensión cada vez más marcada a distanciar visitas y a dejar extinguirse afectos sinceros.

La persona aquí sobreentendida era una señora tan experimentada como ilustre, a quien los lances de la vida habían dejado sola, atenida a sus devociones y a sus rentas ; la cual, falta de objetos más próximos a que dedicarse, gastaba desde hacía unos años su actividad en benéficas correrías; su labia pasmosa conortando[47] vecinos, no menos que en solemnizar las excelencias del cuarto que habitaba en la misma moderna construcción; y su insondable depósito afectivo apasionándose por cuantas familias en ella moraban, todas de su intimidad, aconsejándoselas y ejerciendo entre ellas un verdadero apostolado de distinción y cariñosas instancias.

Anita de la Cuesta era pues en la casa una institución, probablemente muy acondicionada para satisfacer justas curiosidades y Pacheco creyó de oportunidad hacerle una visita con toda la reserva y discreción que sus políticos fines exigían.

Una tarde hubo de encaminarse decididamente allá.

La viuda le recibió en una salita cuidada y limpia, llena enteramente de muebles y objetos orientales.

Había pasado la buena señora algunos años en Filipinas y al volver, siguiendo la costumbre de cuantas familias de empleados enviaba la metrópoli, trajo consigo un cargamento de rarezas.

En el breve espacio que Alvarito esperó, fue pasando revista a aquella abigarrada colección de lacas, tibores[48], biombos, platos, esterillas y abanicos, en los cuales, toda una flora exótica lucía sus gamas extensas de color con atrevimientos inauditos y formas desusadas como hijas de otro sol, nutridas al parecer con tierras de otro mundo.

Por entre la fronda policroma y complicada, monstruos de pesadilla, saurios de las épocas primitivas asomaban dorsos imbricados, garras con espolones potentes, caras cerdosas y erizadas.

Rojas máscaras, con bigotes felinos, ojos brillantes y saltones reían desde las paredes o pendientes del techo haciendo muecas espantosas. Otras en los rincones parecían entristecerse y llorar. Diríase que el artista, para vengarse de una raza de fisonomías impasibles, estudiando

---

47 *Conortar*: en español moderno, conhortar, esto es, consolar, animar.
48 *Tibores*: vasijas de barro procedentes de Oriente.

y sorprendiendo a los músculos en lo más exagerado de su contracción se había complacido en representar aspectos diversos de una humanidad contraída, gesticuladora; caricaturas atroces del dolor, de la ironía y de la dicha.

Una imaginación alocada, superior a la que inspiró a algunos artistas góticos y solo comprensible en un periodo de juventud de las artes corría por telas, pinturas, tallas y relieves, desbordándose en enormes flores llamativas; en laberintos frondosos, recorridos por una fauna fantástica y grotesca.

Entre aquellos delirios, la cara sonriente de Anita parecía una pesadilla más, una fantasía de mal aspecto. Cuando Pacheco la vio llegar, le sorprendieron el afilado perfil, la nariz avanzada, dos dientes que aparentaban huir por encima del labio inferior; el cabello escaso alborotado y gris, el conjunto acabado de parca que la solicita viuda presentaba.

Era decidora, gustaba de la comunicación, conocía sin llegar a paradislera[49] el secreto de haber noticias y pareció lisonjearle aquella visita que acreditaba la utilidad de sus buenos servicios, sancionando en cierto modo su forma especial de actividad.

Allí reconoció Alvarito la buena inteligencia que existía entre la viuda y Adela; las dos se visitaban periódicamente, pasando por turno a consolarse y a urdir la trama de atenciones con que mutuamente se envolvían. Y supo también que al principio la amistad de la viuda se había manifestado en una suerte de protección educadora pues madre e hija, a raíz de su llegada, entre otras cosas demostraban un gusto depravado, o por mejor decir, carencia de él y un sentido estético rudimentario en la elección de distracciones y en su propio atavío.

No distinguían, o lo hacían con gran dificultad. Gastaban su dinero a manos llenas sin saber sacar de él el inmenso partido y el tesoro de belleza adquirible que en sí guarda.

Nunca habían sabido ver, más allá de la etiqueta puesta a la cosa comprada, ni se detuvieron en penetrar los secretos de esa consumada ciencia que hace pronto adivinar a la persona parada ante un escaparate, si el taller interior oculta una piara de bárbaros sacados apenas de puntos o una floración de artistas selectos que saben entregar a su arte el alma entera.

---

49   *Paradislera*: persona que inventa noticias o que va detrás de ellas; cotilla.

El primer cuidado de Anita había sido, por lo tanto, acompañarlas a tiendas adoctrinándolas respecto a saber orientarse con discernimiento, fortuna y gusto en el golfo difícil del comercio madrileño.

Las enseñaba a detenerse y pesar; a no dejarse vencer por la compasión ante el dependiente cansado y mucho menos por una pronta conformidad suicida.

El resultado de tales oficios había sido maravilloso; la primera materia existía, junto con una facultad asimiladora sorprendente; solo faltaba la adecuada dirección. Al mes, los sombreros y vestidos de las dos provincianas podían verse; sus zapatos, en vez de holgados pantuflos eran ya, los de Berta especialmente, artístico remate de unos pies como anteras[50] de flor estaminada[51]; todos los elementos de su exterior adorno caían con gracia y justeza irreprochables, y hasta en sus tarjetas las líneas aparecían firmes, bien espaciadas las letras y de una milagrosa exactitud en su altura; saltaba a la vista que el grabador había dejado en ellas los ojos.

La tarjeta es el individuo, solía decir sentenciosamente la viuda. Hasta detalles tan nimios descendía el atildamiento curioso predicado por Anita de la Cuesta lleno de buena fe y a despecho de lo que el mundo dijera.

Algunas particularidades más dio a conocer al joven, pero se reservó el confidenciar más íntimamente para otras ocasiones, contando con los progresos del conocimiento que entre los dos comenzaba.

---

50   *Anteras*: parte de un estambre donde se deposita el polen.
51   *Flor estaminada*: flor caracterizada por tener los estambres muy largos y aparentes.

III

Muchas fueron las veces que a partir de aquel día escaló Pacheco el nido de cigüeñas de la viuda.

Se dominaba desde él muy bien la villa, hallando allí ocasión para mover de un modo nuevo sus ideas al lado de la excelente madrileña que hablaba de todo con conocimiento, dando amena y personal salida a lo mucho que sobre cosas, vidas y personas le iba dictando su dura retentiva.

Como la hospitalidad que en ella encontraba era además de agradable muy completa, el joven se dio cuenta del sabrido[52] entretenimiento que proporciona el trato de mujeres inteligentes y educadas cuyo espíritu como el ambiente de que saben rodearse sustituye, con ventaja tal vez, a otros atractivos cuales son la juventud y belleza; explicándose las aficiones templadas, que suelen acometer a algunos discretos, hartos ya de consumir vanamente su tiempo paseando, jugando o baladrando[53] en las distintas tertulias y grupos de amigos que la ociosidad distraída tan dada es a formar en la corte.

Anita sabía mucho. Con respecto a las ingenuas provincianas mucho más de lo que ellas creían. Era una perfección de los mejores aparatos inscriptores; pues registrando escrupulosamente cuanto oía, meditaba acerca de ello y sacaba consecuencias.

Su especialidad la constituían, retazos de diálogos, palabras sueltas pronunciadas en momentos de semi-consciencia, de las cuales apenas se entera, y aun las olvida quien las dice, no obstante ser para los demás reveladoras, decisivas.

No había necesitado Pacheco mucha penetración para adivinar algo anormal en la situación de sus nuevas amigas. Anita le confirmó esta creencia con la relación de mil disgustos que pasaban y de escenas ruidosas, en las cuales su mediación pacificante logró atajar el paso a desdichas posibles.

---

52 *Sabrido*: agradable al trato.
53 *Baladrar*: dar baladros, es decir, gritar o vociferar.

Al causante de estos alborotos conocíalo Alvarito. Era un extraño personaje por él supuesto en gran intimidad con madre e hija, aunque enemigo de aventurar juicios y, muy especialmente, de maliciar, prefirió no poner en el caso atención antes que concluir cosa concreta.

Invariablemente seguía en estas cuestiones su doctrina particular hija de un espíritu liberalísimo de transigencia ilimitada.

Lo disculpaba todo.

Libres eran las gentes de obrar como quisieran, esperando de ellas a cambio igual benevolencia, tolerancia análoga.

La naturaleza era para él suprema ley; comparada con ella, el arreglo y las normas sociales de su tiempo suponían poco; menos que un recelo de vapor que se disuelve remontándose en el aire.

Alvarito conocía a aquel hombre; le había visto muchas veces en calles y paseos al lado de ellas; parecía interesado en hacer visible la protección que les dispensaba.

Llevábalas a públicos espectáculos, cuantos lugares de diversión podía, siguiéndole las dos obedientes, disimuladas, dejando ver como con miedo sus caras humildes de mujeres mal hechas al mundo o creyéndose inferiores a él.

Pacheco se había fijado sobre todo en la ingrata cara del personaje, cubierta de lanas grises, accidentada en los espacios libres por arrugas y surcos sin cuenta.

La frente, como campo mal arado, era baja, torcida, barrosa; la mirada inhallable en unos ojos sin fondo hechos a recatar el pensamiento; ningún resplandor los vendía, pareciendo instintivamente buscar en la espesura de cejas salvajes enmarañadas, pantallas para el alma. Unas lunetas de miope, deformadoras e impenetrables, sumaban con sus círculos claros defensas y misterio sobre las muertas pupilas.

Había adquirido su cabeza la costumbre de torcerse mezquinamente sobre un hombro; el conjunto daba la impresión de esas máscaras lamentables entre grotescas y atentas que una vida desesperada y trabajosa, llena a veces de delictuosas transacciones deja en individuos cuya única disciplina ha sido la lucha debiendo a ella la existencia[54].

---

54   La torva descripción de Don Zenón culmina con una referencia que revela la deuda contraída con el estudio fisionómico tan desarrollado en la criminología y los tratados de higienismo que el mismo Llanas practicó (*La mala vida en Madrid*, 1901) y en los que abunda el análisis fisionómico y frenológico de criminales y degenerados a fin de localizar orgánicamente y a simple vista los signos de ese comportamiento anormal. En este caso, el rostro y el gesto de Don Zenón se convierten en una suerte de texto que revela el tipo de existencia del personaje, una vida agitada marcada –como sabremos más adelante– por el alcoholismo y unas actividades de dudosa catadura moral.

Acariciaba reposada y continuamente su barba sirviéndole en esto la mano izquierda cuyos dedos constelaba rocío de brillantes.

Tenía él estudiados los ademanes de manera que la luz fuerte o débil, bajo cualquier incidencia vertiera sobre el público desde las innúmeras facetas, centelleos muy vivos que atraían las miradas. Proponíase con esto, sin duda, deslumbrar y era señuelo decisivo para muchos.

En el teatro veíasele generalmente de pie, apoyado contra la pared del palco, cuyo rojo decorado hacia resaltar su cara de músculos inmóviles, y la mano acariciadora derramando sobre los espectadores cascadas de luces heterócromas[55], chispeantes, molestas para las retinas como alfilerazos que pasaran arañando.

Vestía con limpieza unas veces, falto las más de vigilada curia[56]; el suelo era fuerte atractivo para sus ojos, y con su elevada estatura, el bastón bajo el brazo, los sombreros flexibles y prendas largas que usaba conseguía efectos singulares, sobre todo marchando; como figura huyente y bizarra imaginada por un poeta loco.

Su influencia sobre las dos mujeres era decisiva; inspiraba la mayor parte de sus actos y ejercía una inquisición rigurosa, una vigilancia continua en torno a ellas.

Como Anita quería proceder con lealtad, a fin de no descender por sí ante Pacheco a detalles más íntimos, imaginó que Adela misma le enterase de todo.

Puso toda su habilidad en combinar una entrevista de los dos que pudo al fin conseguir, venciendo los temores infinitos de su amiga y la resistencia natural de la mujer a quien se aconseja la confesión de faltas graves por antiguas que sean.

En la tarde y hora convenidas estuvo esperándola Pacheco paseando por el lugar que se le indicó. Era este el arrecife de la Castellana, algunos pasos más allá del Obelisco.

Acababa de anochecer; las últimas tintas cárdenas de un soberbio crepúsculo habían huido hacia oriente abriendo camino a un vientecillo acerado que crispaba en los árboles las hojas morosas retenidas por un hilo de vida. Circulaban aún algunos coches, rápidos o al paso, encendidos los faroles, deslizándose como sombras entre el crepitar del piso sabuloso[57] y el cascabeleo sostenido de los que marchaban sobre neumáticos.

---

55   *Heterócromo*: de distinto color.
56   *Curia*: esmero, cuidado.
57   *Sabuloso*: con arena.

Junto al joven pasó al trote largo de su caballo un oficial de Pavía[58], los dorados de cuyo uniforme, con luces favorables, rasgueaban imitando trazos de fuego el paño rojo de la chaquetilla.

El oficial se acercó a un coche y saludó, cabalgando al estribo; dentro se veían blancura de plumas y sedas, grandes sombreros, cabecitas risueñas de elegantes alegres.

Al fin un carruaje paró bajo los árboles, y en la masa lenta que franqueaba la portezuela mirando con inquietud a los lados, Alvarito reconoció la persona de Adela por quien venía.

Era una amenidad escucharla.

Juntos anduvieron, paseando o reposándose en los bancos solitarios, él risueño y benévolo, segurador de sí mismo a fin de que confiase, ella temerosa y con exaltación mayor que de costumbre.

Confesaba sin rodeos, sincerándose, poniendo en su relación el calor y los toques dramáticos de quien teme escandalizar y ser a la vez desfavorablemente juzgada. Su historia era una historia vulgar, añeja, en la cual, tenía por coprotagonista A Don Zenón, el personaje raro.

Peripecia por peripecia iba detallando las que acompañaron a su caída, determinada en el origen por la unión fría, respetuosa y calculadora; la frecuente unión egoísta de nuestras clases acomodadas, solo una vez fecunda, hiriendo en lo más hondo fiero instinto maternal de la mujer, en lucha con el artificio aborrecido.

Al distanciarse de las almas hubo de suceder total repulsión, la atención a las solicitudes de fuera, del amor despierto y paciente que sentado a la puerta aguarda, estimula en su provecho las disensiones del hogar atisbando traidoramente meses y años la indefectible llegada de la ocasión.

Esta se había presentado al fin, traída por el espíritu del ser pequeño y vengativo que ni razona ni sabe esperar, contestando con la ofensa irreparable y definitiva, al desdén del señor; al primer supuesto de su infidelidad.

Ignora a veces el hombre las nimiedades que prestan calor al germen de su mala ventura y desatiende por altanería aquello que fácilmente puede trocarse en instrumento de su deshonra.

La mujer es un disolvente de caracteres; la sociedad lo sabe y la

---

58   Soldado perteneciente al cuerpo de Húsares de Pavía (1859-1931), un regimiento de caballería cuyos orígenes se remontan a la batalla del mismo nombre y que ha tenido distintas denominaciones a lo largo del tiempo. El uniforme de los soldados de Pavía –al que la escena se refiere– es uno de los más elegantes y llamativos del ejército español y se caracteriza por la chaquetilla roja con alamares.

emplea con frecuencia para quebrantar temperamentos sobrehumanos. Es el desquite de los pequeños, que no se resignan sin dolor a verse desatendidos. Contaba y recontaba Adela en continua lamentación las escenas violentas surgidas en el hogar a raíz de las primeras sospechas; las imprudencias de la hembra altiva y apasionada que se aferra al hombre nuevo con un amor medioeval; el definitivo esclarecimiento cuando inhábil para fingir no cuidaba ya de recatarse; el momento dramático en que ella arrodillada pedía la muerte como expiación al marido burlado.

Después explicó los días atroces de remordimiento y ludibrio[59] perseguida por la insoportable lectura de su falta en cuantos ojos la miraban curiosamente; el nacimiento de su hija como una aurora de tranquilidad que se le ofrecía y su huida con ella a centros más piadosos donde no viera en todos los rostros el reproche pintado y repetido.

La palabra incoercible[60] de Adela tenía, contando estas desgracias, una desolación conmovedora.

Indistintamente saltaba entre estados afectivos opuestos, alterándose algunas veces hasta descomponerse y comenzar a temblarle con miserable agitación el pobre brazo inútil, miembro enfermo que solo en las grandes crisis bullía de aquel modo dañoso.

Lloraba sobre todo la desaparición del marido de quien nunca más se supo; el desdén del hijo que no la perdonó y del cual relataba cariños, recuerdos y excelencias, prodigándole como niña amante en aquella su habla regional, adjetivos antiguos, acendrados, que penetraban el alma. Las horas se le hacían segundos hablando de él, detallando sus pensamientos, sus hechos, sus palabras, mintiéndole los ojos sus facciones en cuantos jóvenes de edades semejantes encontraba.

—A veces –decía– el eco de una voz me sobresalta; creo siempre que es la suya; que al fin va a aparecérseme.

—¿Le perdonaría V.?

—Todo; su olvido, su odio mismo. El derecho a quererle lo conquisté con el dolor, a costa de mi vida puesta en trance por él.

Y seguía hablando de lo mismo, como en desvarío, respirando por la herida abierta, sonando alto sin convencerse de haberlo perdido, como se sueña con un hijo muerto, con un miembro amputado cuya sensación no llega a desvanecerse.

---

59   *Ludibrio*: desprecio.
60   *Incoercible*: irreprimible

Alvarito reflexionaba acerca de esa claridad con que toda madre aprecia por encima de las conveniencias y artificios sociales la imposible destrucción del lazo que la une al hijo; la sagrada persistencia de ese cordón moral solo disuelto ante la muerte o la locura.

Le producía una pena inmensa aquella mujer alcanzada en lo mejor de su vida por la intriga de un amor impuro y por las armas insidiosas de la conciencia colectiva escandalizada; le apenaba verla llorar y reír sin transición, desesperanzada e inquieta, refugiándose en un misticismo ardiente, que en los ratos de angustia hacíala rezar a solas ante los símbolos del alto poder cuyo abandono sentía.

Cambiando el asunto hablaron luego de Don Zenón. Era un hombre trabajado y decaído; involucionaba misantrópicamente; descendía a grandes pasos la pendiente de la vida, lleno de achaques, consumido por tenaces melancolías para las cuales demandaba consolaciones al alcohol.

Había logrado reunir una regular fortuna a fuerza de terquedad, astucia y ausencia de compasión. Le eran familiares el pacto de retroventa, la hipoteca, la usura en una palabra; cuantos medios tiene a su alcance un hombre ávido para despojar a su prójimo, dando a la expoliación apariencias legales.

Al fin la misma sociedad, asumiendo el papel de justiciera providencia, le devolvía el cambio en reproches, en alusiones más o menos veladas, y Don Zenón que en un principio se creyó perseguido, bebía y bebía, se envenenaba lentamente, aumentando con esto, sin el saberlo, su enfermiza susceptibilidad originaria hasta caer en franco delirio que le hacía encontrar a cada paso motivos de remordimiento; resultaba casi imposible entenderse con él, hablar de lo más remoto sin irritarle[61].

De aquí que sin motivo aparente se preocupara o enfureciera, pasando días enteros encerrado o provocando escenas en las cuales los gritos llegaban a las nubes. Tenía mañanas lúcidas; tardes y noches de espantosa tribulación.

Aunque muy atrás quedaban los tiempos de sus asiduidades, man-

---

61   El alcoholismo que afecta a Don Zenón lo sitúa de lleno en la galería patológica que esboza la novela; lejos de ser un vicio individual el alcoholismo se percibe, sobre todo en los últimos años del XIX, como enfermedad social puesto que se transmite por herencia y por tanto es uno de los elementos claves en la degeneración racial. El carácter de Berta, pues, queda también explicado en parte por este rasgo, ya que Don Zenón es su padre biológico. Recordemos que el propio Llanas dedica un estudio científico a este tema en *Anales del Laboratorio de Criminología*, 1899-1900 y la etiología de Don Zenón comparte muchos de los comportamientos apuntados en este texto: celos, cambios violentos de carácter, etc.

teníase afecto a las dos mujeres, dando a su protección un aire paternal, justificado. Adela seguía ligada a él por la misma adhesión de hembra encelada y despierta, la pasión del irracional, instintiva e irremediable.

Sufría viéndole junto a sí, viejo y enfermo, atacado del terrible mal que no le dejaba un minuto de paz, y sufría también sabiéndole alejado buscando tal vez reposo distraído en regazos más jóvenes.

Había sido su amor; el único y le guardaba una fidelidad ideal. Pertenecía a esa clase de mujeres que adulteran por escasez de fundamentos, estolidez[62], imbecilidad moral, precipitación y carencia de discernimiento.

Tenía ya Alvarito los elementos necesarios para reconstituir la historia, la vida particular de aquella familia; y comprendiendo por su aspecto tranquilo, libre de toda confusión que el descargarse de tan importante gavilla confidencias había sido para Adela a modo de agua lustral[63] que a sus propios ojos la había purificado, hizo antes de separarse por recabar alguna concesión y la obtuvo para frecuentar en lo sucesivo la casa que habitaban.

Al despedirse conocía también hallarse, para lo futuro, en posesión de ese simpático ascendiente que confiere toda persona a otra cuando la instituye custodia de sus intimidades.

El fresco había cesado y la serenidad de la noche invitaba a seguir disfrutándola. Pacheco dejó el emprendido camino de retorno dirigiéndose a los altos que rodean y dominan al Hipódromo. Desde allí el espectáculo era profundo, soberbio, bajo la bóveda constelada.

En mil ocasiones considerando la maraña estelar se había propuesto adecuada solución a muchas dudas, induciendo principios según los cuales su escepticismo ligero salía derrotado; pero nunca sintió tan clara la vida de aquella inmensidad radiante, imponiéndosele como algo que tenía su explicación, que obedecía a razones enormes, independientes de las formas de pensar comunes a los hombres.

Fijándose en un astro cualquiera procuraba llegar con su atención hasta él, seguíale por esfuerzos sucesivos lejos, más lejos, según parecía distanciársele y hallábale por en la infinita hondura brillando aislado, viviendo, pestañeando al parecer para hablarle.

Un fulgor argentado se derramaba por los lejanos montes ha-

---

62   *Estolidez*: falta de razón.
63   *Agua lustral*: agua con la que se rocía en las ceremonias de carácter religioso o sagrado.

ciendo fosforescer entre reflejos azules la blancura de próximos hoteles; las masas obscuras de arbolado quietas y mal recortadas dormían
con místico recogimiento; corrían como locas luces solitarias por sombríos confines y hacia el centro poblado la agrupación confusa de edificios se abría por las grandes arterias con resplandores de cráter y
murmullo apagado de materias en actividad.

Estaban ya lejos los días en que Alvarito sacaba de sus contem-
placiones quebrantado el espíritu y decaído el ánimo soñoliento, la variedad de su nueva vida, el cambio continuo de estados emocionales
distrayéndole la atención a la vez que agitaba sus ideas, le habían
vuelto la jovialidad sin hacerle sentir la mortificación, el temporal aniquilamiento contraproducente que latigazos morales de otro género
suelen determinar en casos como el suyo.

Con el ánimo renovado y en plena posesión de su fuerza revolvía
dentro de sí estas y otras cuestiones, según bajaba por los arrecifes desiertos, mientras sus ojos le fingían aun la forma perezosa de Adela, y en sus
oídos sonaba todavía el acento doliente de las penosas confidencias.

Al fin este recuerdo le absorbió por completo. Comprendía por lo
escuchado hallarse frente a mujeres apenas modificadas en el fondo
por artificio ninguno, infantiles, desmedidamente sinceras, sin ma-
licia para disimular sus sentimientos, sin claridad bastante de inteligencia para medir la consideración que merecían, ni para distinguir
el verdadero puesto que en la vida podían ocupar.

Almas buenas y rectas, con natural tendencia a juzgar de los
demás por sus apariencias de bondad o nobleza, se rebajaban a sí
mismas; y creyéndose las solas maculadas podían difícilmente vencer
su resistencia a emparejar con otras, yendo siempre a la zaga, rece-
losas. Faltábales el aplomo que dan trato de gentes y el desvanecimiento de ideas morales tan común donde son muchos a vivir y pocos
a reformar seriamente.

Tenían pues, la vulgarísima y no menos estimable cortedad social
que tantas vidas nubla y tantas marchas ascendentes paraliza.

Y se sumaba a ella para conducir al mismo resultado un eretismo
emocional e imaginativo, fruto directo de las luchas y disgustos que
el sentimiento de su anómala situación les traía.

Este último comenzaba por intranquilizarlas acerca del efecto que sus pretensiones habían de producir en los demás. Hacíalas vacilar antes ya de formular su deseo, sosteniéndolo luego con una intranquilidad, con un temor a fracasar y un concepto anticipado de la derrota que les restaba tenacidad para ir hasta el fin; la astucia e inteligencia necesarias cuando se trata de conseguir alguna ventaja o mover en provecho propio ajenas voluntades.

Las falsas apreciaciones eran sin duda para Adela una de sus mayores desgracias y otra aquella preocupación constante de su falta que la inducía a buscar la suspirada relevación en un continuo reconocerse y confesar su yerro, a juicio de ella no bastante expiado todavía.

Según desarrollaba estos y otros pensamientos iba explicándose Pacheco algunas singularidades que había creído observar en la exterior conducta de las dos señoras, como eran su resistencia a frecuentar sitios muy concurridos, donde pudiera juzgárselas con acritud; la máscara de humildad y temor que nunca abandonaban; su pasión por la intriga, el arma de los débiles y de cuantos odian la luz; un deseo marcado de corresponder sobre el terreno a los beneficios recibidos, y especialmente la inclinación que parecían demostrar a hacerse con amigos entre personas de inferior extracto o más probadas que ellas por la desgracia.

Para entablar una amistad, se insinuaban primero con temor, colmaban luego al favorecido de atenciones y obsequios proporcionados a su calidad y se confiaban por fin pegándósele al corazón apoyando sobre él amorosamente como los animalitos tímidos y bondadosos cuando buscan el calor de un regazo amigo donde agazaparse.

Alvarito se veía por fin llegado al término de sus reflexiones y creyó tener un conocimiento de la situación y personas, tan perfecto como era posible. Había acelerado insensiblemente el paso y con los ojos en la acera avanzaba por ella poniendo toda su atención en pisar las baldosas evitando las líneas de contacto; era una pequeña manía, un hábito que le dominaba desde niño. Con este cuidado escrupuloso había marchado algunas veces, horas y horas, atravesando calles, incansable como un autómata, en tanto veía acera por delante de sí.

De trecho en trecho el ascua de un cigarrillo enrojecía un punto de sombra y formas mal cuidadas, astrosas, viejas o jóvenes le ofrecían amor barato en términos escuetos.

Otras se contentaban con sisearle desde las vallas de tablas o pegadas las verjas de los hoteles.

Hizo a una signo para que se acercara. La mujer vino corriendo.

—¿Llevas mucho tiempo aquí?

—¿Dónde?

—En la calle.

—Desde las nueve, señorito.

Hablaba sin pestañear con voz masculina e ingrata de instrumento cascado. En sus ojos brillaban llamas duras.

Una parálisis chocante inmovilizaba aquella cara de piel viscosa y repulsiva, máscara pálida recatada a medias por el pañuelo adelantado sobre la frente. De tanto en tanto acercaba desenvueltamente el cigarro a la boca le hacía brillar con una intensa aspiración y lanzaba luego la ceniza pasando la uña del menique con movimiento de artista, suelto y rápido.

—¿Hasta cuándo te quedas?

—Según.

—¿Tienes buena parroquia?

—Mejor de lo que muchos creen.

—¿Ganas mucho?

—Eso depende.

—¿Para ti sola?

—Me pago un hombre.

—¿Lo tienes entonces?

—¿Por qué que no había de tenerlo? ¿Soy acaso una mona?

—Y te dará mal trato, sin duda.

—De todo hay. ¡Qué importa si me quiere!

—O te engaña.

—Eso no, mientras pueda yo valerme. Quieres o no...

El joven la despidió alargándole una moneda.

La mujer se fue silbando, con los brazos en jarras.[64]

Pacheco siguió su camino ocupada la imaginación con esa sed de amar ardiente que a nadie perdona, moviendo sola, por sí, la máquina del mundo. Conversando amarteladas[65] en los bancos de piedra al-

---

64   Como se ha apuntado anteriormente, el deambular urbano de Álvaro Pacheco lo lleva a espacios degradados, los bajos fondos, donde campa la delincuencia y la criminalidad, reflejada en este caso en la figura de la prostituta. La escena conecta de pleno con los desarrollos más extremos del naturalismo y de la novela médico-social y también con los textos dedicados al estudio científico de estos espacios y formas de vida en aras de su mejora, como la ya mencionada monografía de Llanas y Bernaldo de Quirós.

65   *Amartelado*: excesivamente amoroso o galante, acaramelado.

gunas parejas enemigas de la luz y del ruido se le figuraban terminante afirmación a sus pensamientos.

Algunos pasos más allá creyó ver cruzar la silueta fugitiva de Don Zenón. Era sin duda él que se encaminaba cabizbajo a grandes pasos hacia la casa donde se le adoraba y temía.

Divisábase la masa del edificio allá en lo alto, por encima de un cerro de aluviones graníticos, socavado en mil partes, surcado por sendas caprichosas como nerviaciones ocráceas que lamían las tapias de la huerta de Cánovas, ramificándose hacia lo alto en afluentes que la obscuridad hacia invisibles.

La casa parecía animada por un alma quieta; vivir; insistir muda en algo.

Se la hubiera creído sosegado castillo, reflejando los vidrios de sus miradores blancos, las luces movedizas de vecinos faroles.

Don Zenón ladeó el cerrete, subiendo por una calle desprovista de construcciones y dobló con apresuramiento en dirección a la casa. Las aletas flotantes de su abrigo se movían imitando el vuelo incierto y bajo de un gigante murciélago.

Anticipados por un zumbido insistente con acompañamiento de latigazos metálicos, algunos tranvías llegaban deslizándose entre paralelas de centellas multicolores. Corrían iluminando el paseo, llenándolo con su fragor de tormenta, con imperiosos apremios de sus campanas avisadoras, mientras los viajeros, en el interior, miraban, semejantes a bustos sin expresión, los accidentes del tránsito.

Alvarito se sentía cansado y apresuró el paso.

En el hotel le esperaba una sorpresa. Acababa de ser llamado por su padre, repentinamente indispuesto; Cipión lloraba al noticiar la desgracia sin detallarla.

Desde la verja subió corriendo el joven a las habitaciones del piso primero donde aquel moraba.

Betty, halagadora, marchó tras él y extrañando el despego inacostumbrado del amo, volvió melancólicamente a su garita.

Una impresión nunca sentida, mixta de inquietud y espanto como al anuncio de un mal gravísimo para el cual no se viene preparado, alteraba a Alvarito debilitando sus piernas, paralizándole casi de lomos abajo al llegar a la biblioteca, donde ordinariamente trabajaba su padre a aquellas horas. Estaba la sala iluminada y sobre la mesa se veían aún libros, papeles escritos animados por ese desorden acusador del trabajo intenso y empeñado. Un olor picante, de alimentos fermentados le habló ya al entrar, claramente de vómitos.

Allí debió de tener principio la desgracia.

Siempre había mirado con religioso respeto aquella sala limpia y ordenada, sirviéndole como adorno la sencillez misma, limitado el mueblaje a lo indispensable y a ligeros estantes de barnizada caoba que guardaban tras finas vidrieras un tesoro de buenos libros escogidos.

Era el santuario de una actividad; la celda afable y quieta donde luchaba fortificándose a solas un carácter.

Alvarito que sentía muy bien la belleza de todas las cosas percibiendo con finura pronta y sutil el lado amable de personas o inclinaciones, admiraba como gustador entendido el diletantismo[66] político de su padre; aunque frecuentemente le había reprochado lo exclusivo de aquella tenacidad laborante que a nada le llevaba, faltándole sobre todo el sentido práctico y a sus planes aquellas condiciones de exequibilidad[67] y oportunismo que constituyen la norma del político profesional.

Se había abstenido por eso de seguirle.

Además la debilidad original de su atención le hacía desinteresarse pronto de cuanto supusiera un esfuerzo prolongado; jamás le había sostenido ese poder insidente[68] que para llevar buen término una empresa se requiere, prefiriendo quedarse a la puerta de muchas actividades sin atravesar decididamente ninguna.

Temía a la deformación.

Su espíritu esencialmente crítico presentaba, –quizá para satisfacerse a sí mismo–, justificaciones a este personal acondicionamiento elevándolo a filosófica norma de vida y defendía como cualidad suprema la específica de la materia proteica indeformable, dispuesta siempre a reaccionar tan fácil y prontamente en un sentido como en el opuesto.

En atención a todo ello, las empresas del autor de sus días le tenían muy descuidado, hasta le distanciaban de él; y cuantas veces penetraba en la biblioteca era para estacionar en ella lo menos posible.

---

66 *Diletantismo*: dedicación, como aficionado, a cualquier actividad, preferiblemente, a las artes.

67 *Exequibilidad*: capacidad de llevar a término o conseguir una empresa.

68 *Insidente*: cultismo que proviene del verbo latino «insideo» e indica permanencia. Instalado, anclado, asentado.

En aquella ocasión la atravesó casi sin ver, penetrando en el cuarto de dormir, cuyo lecho enrojecía con salpicaduras de sangre el ilustre patricio Don Fernando de Pacheco que la arrojaba a bocanadas entre bascas y terribles dolores de espalda y pecho. Los vómitos cesaban de tanto en tanto para volver a empezar con espantosa regurgitación de negros coágulos y espumas.

Álvaro, en quien palpitaba un fondo sensibilísimo de humanidad a través del artificio ideológico que voluntariamente oponía para disimularlo, no pudiendo resistir aquel espectáculo, la vista de la sangre, se desvaneció. Hubo necesidad de sacarle de allí y atenderle a él también.

Entretanto el noble caballero, exangüe, desencajado, agotaba sus fuerzas luchando sin ánimo contra aquel brusco asalto del inesperado enemigo. Estaba próximo a los sesenta y era la primera visita que de la enfermedad recibía, fuera de sus achaques nerviosos habituales y ligeras molestias que el estómago delicado le proporcionaba.

Sobre la nívea barba cuidada estacionaban grumos negruzcos y viscosos: los ojos habían perdido la vivacidad dominante del espíritu que vive desperezado y en acción, sustituyendo a la animación simpática de aquel rostro, apagamiento lamentable de mortal agonía.

Un coche se detuvo ante el hotelito, y el médico llamado con toda urgencia subió.

Andaba sin apresurarse, como hombre que ha intimado con todos los dolores, y para quien la silueta de la muerte es familiar; sus pasos firmes despertaban apagadas resonancias en los cuartos silenciosos. Su aspecto grave y tranquilo parecía difundir seguridades.

Al acercarse al lecho maculado un rayo de esperanza interrogadora iluminó el semblante del enfermo.

Alvarito por su parte pasó una noche cruel de angustiosa zozobra. Faltábale absolutamente el dominio de sí que solo el hábito de la desgracia o de la lucha puede consolidar, y a la menor impresión su espíritu timpanizado[69] respondía de un modo agudo y anormal que le invalidaba por algún tiempo.

En la casa se recordaban sus crisis de dolor cuando María de los Ángeles acabó sus días. Cuidábasele desde entonces como a enfermo, respetando sus caprichos y evitándole hasta donde era posible las impresiones demasiado violentas.

---

69   *Timpanizado*: abultado y tenso.

Desde el lecho le parecía a intervalos oír el siseo de los criados que andaban sin ruido comunicándose órdenes y llevándolas a efecto. En toda la casa reinaba ese silencio grave, temeroso que acompaña a las grandes desgracias y las voces sin timbre cambiaban impresiones cuchicheando.

Cipión, llamado por Alvarito, entraba a cada momento dando, para tranquilizarle, noticias de mejoría y esperanza.

Una ansiedad vecina al terror dominaba las potencias del joven, y para vencerla ocultaba la cabeza bajo las ropas, oprimiéndose con ellas hasta casi asfixiarse.

Concilió por fin un sueño enervador agitado por pesadillas molestas o repugnantes.

Al día siguiente, por indicación del médico, Alvarito dejaba la corte en compañía de Luis Lucientes el confidente de María de los Ángeles[70], tomando el tren que había de llevarles a la clemente Andalucía, mientras los días del noble caballero mejoraran con fundadas probabilidades de curación completa.

Cipión les acompañaba, y gracias a él sostenía el joven su cuerpo vacilante, mientras en sus ojos muertos, de sonámbulo, que nada veían, se reflejaban la animación exterior, el espectáculo circundante formado por gentes apresuradas y reidoras, tensas, para las cuales solo el bullicio y las risueñas caras tenían un valor.

---

70   Luis Lucientes es el amigo y confidente de María de los Ángeles, protagonista de *Del jardín del amor* (1902) y más importante aún, el editor del diario póstumo que constituye propiamente el cuerpo de la novela y de la nota que lo precede.

IV

«¡Amiga mía! Es la primera vez que tomo la pluma desde que salí de Madrid y lo hago bajo la buena impresión lograda leyendo la carta del doctor hoy recibida.

Tengo presente en la imaginación a toda hora aquel cuadro de miseria y mortal desgracia en el alrededor cómodo, suave.

Triste condición la del hombre obligado a derramar fuera sus fuerzas, a mantener viva, engañándose a sí mismo, la fuente de la actividad, mientras el enemigo acecha desde dentro para hacer bruscamente su aparición, sacando en infeliz momento a luz la pobreza que terebra solapada hasta minar la base entera.

Es el procedimiento miserable de los cobardes; la naturaleza, frente los caracteres bien templados, procede como vil.

Asegura el doctor que el accidente no tendrá por ahora consecuencias, aunque puede muy bien reproducirse. Sea este u otro análogo, el desenlace en plazo largo o corto está previsto.

Los vientos de tristeza no cesan de soplar en torno mío, y su aliento sofocante agosta uno a uno los retoños que tu dilección hizo nacer.

Semejante a larva indelibrada[71] por la menor influencia conmovida, el alma se repliega sobre sí y espera en solitario apartamiento el reflujo de fuerza que ha de encender nuevamente las luces muertas de su callado santuario.

Ayer corriendo el monte, abierta y dilatada, encontré como violado invitatorio la flor siniestra que crece en las encrucijadas sobre las tumbas de los suicidas. Mis manos temblaban al arrancarla del suelo; la vida miedosa y cobarde se negaba a rendirle adoración.

---

71   *Indelibrada*: guiada por el instinto y la falta de reflexión.

Luis Lucientes hace cuanto puede por reaccionarme; lo conseguirá sin duda a fuerza de tiempo, pero entre tanto mi tormento no tiene nombre al considerar su afán, su tenacidad insistente de afortunado injerto británico, rompiéndose en esta pasividad enferma contra la cual nada puedo.

Mil veces he tenido deseos de suplicarle que me deje; otras tantas, anticipándose con paternales solicitudes ha impedido que al fin los formulara claramente.

Es un archivo copioso de amenos entretenimientos y nada hay tan a propósito para tranquilizar como oír cuanto su vena inagotable le sugiere, mientras sentado y sin descomponerse, moviendo apenas los músculos de su cara glabra[72], solicita, sin aparentarlo, porfiadamente la atención y distrae el ánimo.

Parece dichoso; tocante a su filosofía, no es posible concebirla más optimista; niega toda importancia a la vida no orientada según fines prácticos, naturales y ascendentes viendo correr la suya en medio de una frescura entonada de lo más envidiable. El secreto de su alegría reside según él en el trabajo.

Para mí sus consejos, hoy por hoy, son letra muerta; siento dentro una inmensa resistencia a seguirlos abandonándome sin querer a la corriente de mis tenaces melancolías.[73]

El más cruel suplicio cuando se tienen ansias de vida y de bien conducida actividad es sentirse en posesión de una máquina inobediente que el menor choque desconcierta y la más leve impresión paraliza dejándola inservible para tiempo; es la lucha empeñada contra el imposible; insistencia dolorosa sobre la inercia misma.

Dejo el hablarte de ello para no retener inconsideradamente tu atención sobre mis cosas, y a fin de pintarte como sepa el pueblo en que vivimos, claro, costanero, reducido y hospitalario.

Como albergue nos sirve la casa de un allegado nuestro a quien por ausente no vemos, próxima al mar, abierta y oreada, en cuyo interior cómodo el espíritu de los antiguos navegantes

---

72 *Glabra*: lampiña, sin pelo.

73 Álvaro se contrapone de manera clara a Luis Lucientes, sobre todo en el eje de la masculinidad. Álvaro se va configurando como un personaje feminizado, como ya se ha apuntado en el capítulo anterior con su desmayo ante la enfermedad del padre. El alejamiento de la virilidad convencional y burguesa, marcada por la actividad y el dominio de sí –como Luis– en favor de un carácter feminizado, marcado por la languidez y la extrema hipersensibilidad es un rasgo característico de los héroes decadentes que también posee Álvaro, como se ve en estos párrafos.

parece flotar, evocado por añosos retratos que abundantemente nos lo recuerdan.

En ella paso las horas más tranquilas, inmóvil, mientras me dejan, frente al purísimo horizonte, recibiendo como inválido a quien distantes nostalgias sostienen, el tibio aliento de un sol oblicuado y enfermo. Después de verle caído es cuando me agrada más salir[74].

Anoche, ya muy tarde, me detuve sobre la playa. El chasquido continuo de la onda al romper animaba el aire. Sonaba simulando respiración arrastrada y prometedora venida de lejos, desde las verdes extensiones de esperanza.

Un fresco sutil, el del espacio abierto y dilatante prestaba a los sentidos una acuidad particular trayéndoles mezclados en confortante sensación plañidos lejanos de sirenas enronquecidas, picantes brisas húmedas y espejeos activos de metálico reflejo sobre los cuales la argentada ceniza sideral parecía bullir vitalizada por astros fugaces que corrían.

Diríaseles jugando reñida competencia según cambiaban de lugar, partiendo exhalados y ocultándose ante la multitud expectante de los otros.

Hubiera querido tenerte allí para reposar mi cabeza en tu hombro, para bordear, inspirados como sombras clásicas, las orillas de aquel mar sereno entre el rumor de notas inarmónicas meciendo con claras sensaciones el oído y el mudo lenguaje de las cosas infinitas, expresivo, insinuante.

Una voz de eternidad, de grandeza triunfadora parecía brotar del océano subiendo, con su cortejo de fosforescencias agitadas, en canción pura y monótona hasta los cielos.

Una voz que se imponía y abrumaba, abarcadora de todos los misterios, explicadora incomprensible de todas las curiosidades.

En la pequeña dársena como estanque en zozobra, las luces del muelle prolongando sus cuerpos de ascua aguas adentro formaban columnatas de fuego que resplandecían figurando luminoso hipóstilo[75] de antiguo templo ondulante y cristalino.

---

74   La predilección de Álvaro por el sol crepuscular es enormemente significativa, pues se trata de una de las imágenes por excelencia de la subjetividad decadente y que el propio Llanas utiliza como arranque de su tratado de estética *Alma contemporánea* (1899) como símbolo de la sensibilidad de la época. Nótese además, que el adjetivo que se aplica es «enfermo», otro término que remite a ese mismo aspecto.

75   *Hipóstilo*: techo sostenido por columnas, normalmente referido a obras arquitectónicas de la Antigüedad.

Sobre la encendida superficie algunas sombras duras marcaban la posición de embarcaciones inmóviles saludadas de lejos por el lento parpadear de un faro vigilante.

Dormían tranquilas, suspensas preparándose para próximas empresas o para la faena cotidiana, en el sosiego apenas interrumpido por chapoteos rápidos e intermitentes como aletazos de escualos.

¡Qué tranquila belleza para disfrutarla a tu lado! Solo, podía apenas mirarla; me llenaba de preocupaciones, me disolvía.

Los espectáculos movidos, donde distintos elementos luchan, entretienen; el alma quieta de las cosas en calma lleva al ensueño, al aniquilamiento; deja el espíritu enfermo y asombrado.

Al retirarme, las calles solitarias oprimían: a través de las puertas oíanse confundidos algún grito ahogado, el eco de inconscientes exclamaciones, esos leves ruidos multiformes, respiración angustiosa de una humanidad agitada en medio de sus sueños por la corriente del dolor que pasa.

Las rebeliones sofocadas por los oprimidos, la tortura infinita de los humildes velada en el fondo de ojos que el llanto blanquea; la amarga hiel devorada por las víctimas de la injusticia, gemidos de las conciencias manchadas: todo ello disimulado, oculto cuidadosamente durante el día bajo apariencias despistadoras conmueve de noche a los hombres, los persigue, inquieta su sueño llenándolo de confusos pavores, sale en ausencia de la voluntad a la superficie, apagando gritos dolorosos, fatigando con sacudimientos convulsivos el pobre cuerpo rendido y pesaroso.

Atravesando la plaza, de lo alto de la torre prismática[76] salió un fragor insólito y extraño. El del reloj que se disponía a sonar sus horas.

Lentamente, uno tras otro, fueron cayendo desde allá sonoros martillazos que herían desgarrando.

Al cesar, en medio de las ondas vibradoras mal desvanecidas, las cigüeñas asustadas hicieron oír un clamor y el seco tableteo de sus picos.

Cuando a solas en mi cuarto traté de dormir, la obscuridad

---

76 *Prismática*: con forma de prisma.

quería animarse; una inquietud particular movía las ideas ahuyentando tenaz el sueño y del fondo fosforoso dos ojos de pesadilla surgían.

Los que continuamente veo en mis horas de debilidad, los que me persiguen a todas partes, los que únicamente tú podrías desvanecer, pues tu recuerdo me da consolaciones, dorando y suavizando tú sola como lejano bien, los estilos agudos que taladran mis sienes.

Aquellos ojos lucían ardientes. Cerré los míos por no verlos.

Siento la ansiedad de tranquilizarme cuanto antes; de que todo esto pase para renovarme junto a ti. Tal vez mi mal haya sido siempre sed inaplacable de amar, languidez de amor en parques donde estas flores, condenadas están a morir o a ocultarse apenas nacidas.

Love me and leave me not.

ALVARO»

Repasado lo que antecede, Pacheco descansó; la carta le había costado increíbles esfuerzos, un trabajo agotante de forzado que lucha contra imposibles.

Innumerables veces, durante la escritura, su inteligencia se había eclipsado, desvaneciéndosele la atención y perdiendo para él todo valor los signos del lenguaje.

Acometíale entonces la ansiedad de quien se siente definitivamente anulado, un miedo paralizador ante el temido fantasma de la locura que sus sentidos creían próximo.

Levantábase, el acceso pasaba al cabo de unos minutos y despejado, con nuevo ardor, volvía a la tarea.

Extraños fenómenos de otra índole contribuían también a hacérsela desagradable; a ratos observaba que las letras, según iba trazándolas, se ponían en pie reemplazando a las tendidas líneas una apretada formación de caracteres erguidos y curiosos.

Cesaba aquello y los sentía en las yemas de los dedos, molestándole interiormente como piedrecitas, del cerebro desprendidas, arrastradas en un exceso de circulación afluente hacia aquella parte.

No era la primera vez que experimentaba esta sensación.

Algunos años antes, leyendo acostado a Shakespeare, había sufrido en la lectura extrañas suspensiones a la emoción estética debidas; un arrobamiento particular e impresiones de rara anomalía. Al llegar especialmente a la frase de Macbeth:

«El dormir te será imposible porque has asesinado al sueño»[77] cerrado el libro para mejor saborearla y bañarse en su recuerdo, le había parecido tocar estas palabras, *asesinado* y *sueño*, percibiendo con extraordinaria claridad el efecto y significación físicos a que se referían. Las sentía sólidas y redondeadas, tangentes interiormente con las papilas[78].

El fenómeno hubo de repetirse durante algunas semanas.

Según iba avanzando en su escritura, la contemplación de los recuerdos que describía le crispaba la piel, la del rostro especialmente hasta dejarla granujienta, como por menudas arenas formada. Su memoria le hacía presente que antes ya, con motivo de una audición de *Lohengrin* análoga singularidad le había preocupado[79].

Sentía también alejársele lo escrito, huir hacia planos distantes como visto, con limpidez grande, a través de gemelos invertidos o por larguísimo cañón de un túnel.

Persistía la ilusión algunos minutos y le era entonces muy penoso poner terminación gráfica a conceptos cuyos primeros desarrollos le parecía imposible alcanzar.

Ocurríale preguntarse la causa de tales novedades, y aunque nada claro se contestase, las asociaba a cuantas extravagancias por aquella fecha dieron en acosarlo.

Nunca había reconocido en su memoria facultad tan diligente

---

77 La cita pertenece a *Macbeth* (1605-1606), de William Shakespeare: «Glamis hath murder'd sleep, and therefore Cawdor Shall sleep no more; Macbeth shall sleep no more» (Acto II, escena II).

78 De nuevo topamos con un episodio de alteración nerviosa que afecta a la percepción y culmina en una manifestación muy significativa: la sinestesia, es decir, la percepción simultánea y confusa de distintos elementos sensoriales. La sinestesia había sido objeto de gran atención científica en las décadas precedentes y para Max Nordau constituye «una muestra de actividad cerebral débil y enferma, cuando la conciencia prescinde de las ventajas de la percepción diferenciada de los fenómenos y mezcla descuidadamente las informaciones de los sentidos particulares».

79 Tampoco resulta casual que Álvaro experimente la sinestesia a través de la contemplación estética y más concretamente de la audición de la ópera *Lohengrin*, de Wagner. El compositor es uno de los blancos favoritos de Nordau pues su concepción de la obra total va en la línea de otras experimentaciones estéticas, como los juegos sonoros del simbolismo o los efectos cromáticos del impresionismo, que exploran lo sensorial de un modo innovador. La crítica a Wagner ya había sido desarrollada con intensidad por Nietzsche, quien no dudó en calificar a las producciones del músico de arte enfermo, a sus tramas propias de un histérico y a sus personajes de galería patológica. También Pompeu Gener, en *Literaturas malsanas* (1894) va a insistir en esta crítica y el propio Llanas, en *Alma contemporánea* (1899) aludirá a él como paradigma del arte contemporáneo, totalmente dominado por la emoción.

para desempolvar el archivo secreto de monstruosidades, ni en sus sentidos parcialidad tan marcada para no revelarle más que el lado grotesco del mundo.

Algunos días se imaginaba alternando en una reunión de locos o repitiendo como principal personaje escenas descabelladas semejantes a las que en otro tiempo dieron celebridad y adeptos a la escuela del Bosco.

Vivía con ojos que le rendían cuenta preferente de las deformidades ofrecidas por sus prójimos; con oídos que registraban solo exclamaciones de angustia, voces de infierno o quimeras desconcertantes; con una imaginación extraviada que unía estos descomunales elementos, abultándolos y torturando con ellos el juicio.

Perecía en un ambiente de extraños delirios que le asfixiaban.

Toda la animación fantasmagórica con la cual el viejo ascetismo construyó su edificio de tentaciones, aunque la sentía pesando sobre él perturbándole, para Alvarito, que concretaba frecuentemente la idea de Providencia en la sociedad complacida o airada, tenía sobre todo significación como mundo molesto y abrumador, contra el cual se obstinaba impotente en luchar.

Tal desconcierto y debilidad, como consecuencia de un choque moral por enérgico que fuese le parecía miseria enorme, penuria injustificada de vida en quien tantos motivos exteriores juntaba para exuberar.

Pensando en esto venía a su memoria el recuerdo de amigos a quienes oyó detallar situaciones parecidas, en el pequeño círculo cerrado que una perfecta comunidad de ideas había instituido amenizando algunos días de su vida madrileña.

Era una agrupación de inteligentísimos, muertos para el deseo, sin pasiones ni afectos, tan incapaces de sonreír como de indignarse, de querer como de odiar. Una reunión de fermentos bien definidos, viviendo cada uno la vida de una sola idea, con quietud mineral aparente y vertiginosa actividad interior.

Poderosos reactivos sociales, a su contacto las masas indiferentes se animaban presentando color y determinaciones característicos.

Apenas hablaban entre ellos o lo hacían sin alma, de un modo maquinal.

Colección de cabezas descarnadas que avanzaban bajo el escaso cabello partido sobre la frente, caras empalidecidas de niños, ojos fríos reflejando el sosiego de las aguas muertas, frontales prismáticos de piel marchita y amarilleada, habían sido los más, arrancados por el azar al suicidio o rescatados prodigiosamente en medio de catástrofes; espuma de naufragios, sobrecerebrada, que flotaba girando a merced de un sino benigno y protector.

El mundo en su incurable manía calificadora juzgando la obra de ellos, filosófica, artística o social, los consideraba encarnaciones de la decadencia[80]; y Pacheco que por analogía o proximidad se imaginaba adjetivado de la misma manera, trataba en vano de encontrar el derecho con que una vieja sociedad de hombres que viven reprimiendo sus impulsos, toda muestra de voluntad súbita, osaba menospreciar su propia obra, cuando ponía el mayor empeño en llegar hasta ella, reduciendo su labor educativa a sustituir el arranque impetuoso y juvenil del primitivo, por el ardor malsano de una actividad morbosa e inaplacable.

Tal vez a solas con su razón, que se desagregaba en insidente desvariar sentía compasión por sí o por sus amigos, considerando de no conveniencia, mal fundados sus esfuerzos. Pensaba entonces, que el genio verdadero y la alegría quizá fueran posibles solo en sociedades jóvenes o impulsivas; que de todas maneras cuando se siente la interior tortura tal vez no sea lícito manifestarla y menos informar con ella la obra[81].

A continuación, una lejanía inspirada, el albor nostálgico de días fecundos en los cuales su tormento cesaría encontrando la ansiada, la única expresión para su actividad, le sonreía, mientras las retinas enfermas se quejaban, ante el mar radioso cubriendo el horizonte como inmensa turquesa, y postrado el cuerpo sin vigor, temblaba al bañarse en luces meridianas que un sol clemente y pródigo derramaba sobre él.

---

80   Más allá de plantearnos el retrato de una suerte de cenáculo decadente, Llanas introduce una idea que conecta directamente con la obra celebérrima de Cesare Lombroso, *L'uomo di genio* (1864-1894) en la que se plantea la genialidad artística como producto de una condición patológica e incluso como posible fuerza de cambio social («poderoso reactivo social» dice Llanas), idea esta de la que Nordau discrepa: «No participo de la opinión de Lombroso que afirma que los degenerados de genio constituyen una fuerza propulsiva del progreso humano». Nótese también como el propio Álvaro asume que él mismo sería tachado de decadente por una sociedad que, sin embargo, fomenta la morbosidad y es, en sí misma, creadora del sujeto decadente.

81   La disquisición sobre el genio prosigue en este pasaje por derroteros algo distintos: el rechazo de obras artísticas nutridas por la sensibilidad morbosa de la modernidad que se plantea Álvaro tiene mucho que ver con la diatriba de Nordau contra el arte contemporáneo, al que acusa precisamente de esto, pero también enlaza con la preocupación del propio Llanas por ofrecer una alternativa estética, tema que desarrollará en *Alma contemporánea* (1899) a través de su propuesta emotivista.

Solía quedar adormecido; el sueño era más piadoso que la vigilia, haciéndole vagar rodeado de plácidas visiones por campos apacibles; la naturaleza le ofrecía munífica a su paso los frutos sazonados de mil vidas, y al final del camino, desmayando de añoranza y amor una visión de luz le tendía los brazos, rendida como místico cáliz colmado de ardor suave y fragante.

Era Berta que le llamaba.

V

Ir cuanto antes a verla fue lo primero que se propuso hacer, cuando mejorado y vuelto a la corte donde prósperas impresiones saludaron su llegada pensó en dar continuidad a sus anteriores hábitos interrumpidos.

Como si la crisis moral que acababa de atravesar hubiera despertado fibras adormecidas de su ser, asistía dentro de sí al renacimiento de afecciones que imaginaba borradas; se sentía más humano, con capacidad afectiva mucho mayor.

Pudo conocerlo en el movimiento de inmensa ternura que experimentó al volver a los brazos de quien le había dado vida. Un deseo de no abandonarlo ya, de intimidad absoluta con él le dominaba, en tanto el caballero, pálido aún, le devolvía como una adoración arrastrada de lejos, todo el fervor dolioso[82] que una existencia sabiéndose caduca, pone abnegada en la que ha de sucederle.

Con relación a Berta reconocía el joven mudado el tono de los propios afectos interiores en la misma medida.

Proponíase vivir el mayor número de horas junto a ella, complacerse en su frescura y juventud, sentirla junto a sí, fina y delicada, rindiendo su aroma de gracias naturales como las flores al abrirse. Quería acompañarse, atravesar a su lado riendo los campos de una vida fácil; dar realidad al ideal antiguo hasta donde las nuevas exigencias lo permitieran.

Comenzó, por lo tanto, a frecuentar la casa dando mayor comodidad y espacio a sus amores.

El arreglo interior del cuarto ofrecía alguna heterogeneidad, reveladora de un gusto poco sólido. Los muebles en general eran modernos, artísticos o no, sin que por eso faltaran recuerdos de medio siglo atrás y algún que otro macizo ejemplar de aquel trabajo detallista en que reflejaron pacientemente sus almas lentas y metódicas artistas ignorados del siglo XVII.

---

82 *Dolioso*: dolorido.

Una cosa resplandecía sobre todas allí; era esta la limpieza. Pulcritud cuidadísima, apurada, que llenaba el ánimo de bienestar y frescura.

La luz entraba francamente a raudales por los despejados balcones y el reflejo rojizo del sol en los desmontes animaba aquellas estancias pequeñas, bien olientes, abrillantadas y en orden por manos demaculantes[83] que ni a un átomo intruso perdonaban.

En la sala una penosa figura parecía presidir. Era el general retratado de gran uniforme, infinitamente viejo, no pudiendo tenerse ni en la silla que le apoyaba.

Un brazo con su mano huesosa cuya vista estremecía, colgábale a un lado; hundíase en profunda curva desgraciada aquel pecho atravesado por banda llamativa y la cabeza como al peso de una fatalidad doblada, caía hacia adelante, desvanecido el mirar, descolgado y sin fuerza el labio inferior húmedo, carnosidad repugnante sobre unos dientes larguísimos o inclinados, cuya amarillez de viejos esmaltes sin vigor veteaba las lívidas encías.

El pintor había comunicado a aquella senil fisonomía una expresión de curiosidad boba que ahogaba.

En todos los lugares de la sala sentíase la perseverancia de aquel mirar estúpido, interrogación sin fuerza de pupilas veladas.

Álvaro recordó algo semejante; dos pupilas inánimes que le miraron largo tiempo así: las de un amigo muerto con quien a solas se vio un día de otoño.

Le habían vestido un hábito gris. La cabeza lamentable doblaba también. Con uno de los párpados descendido ligeramente, guiñaba como a pesar suyo interminable gesto de simpatía glacial y los ojos de una dulce vaguedad espantosa, sintiendo la eterna calma de lo infinito preguntaban... preguntaban sin duda la razón de sí y del mundo, la de la vida en aquella brevedad de habitación pobre, desmantelada, la del mismo sol, ídolo rubio y protector que tantas veces le había sostenido con el vino dorado de sus luces y que entonces y en toda la otoñada se veía caer, entristecido también, sin ardor, como una luna tras lejanos tejados sucios cuyas monteras quebraban complacientes sus últimos destellos misioneros de un adiós penoso.

Pacheco soñaba distraído cuantas veces se detenía a considerar el

---

83   *Manos demaculantes*: manos que eliminaban toda mácula o suciedad.

cuadro, en tanto las dos mujeres le observaban a él tratando de adivinar por el exterior examen qué pensamientos encubría y de qué particular manera iba a mover sus horas agitadas.

Berta, en casa, parecía aún mejor, optimada por nuevos atractivos; era como reseda[84] sin colores, fragantísima, viva conmemoración de las virtudes humildes y modestas.

Al principio espaciaba Alvarito sus visitas. Hízolas después más frecuentes, entrando poco a poco en el ánimo de aquellas dos ingenuas que se confiaban descuidadamente estimulando la generosidad de quien las trataba.

Llegaron por fin las veladas íntimas en que acompañándolas y llenando bellamente su tiempo procuraba hacerles la vida grata distrayéndolas, contando gentiles decires, llevando, en una palabra, cautivas a aquellas dos almas simpáticas casi en blanco por las sendas curiosas del ameno vivir, del variado y artístico pasatiempo.

Tener vasallos y dominios grandes debe satisfacer, mecer suavemente el alma cuando son conquistados por personal esfuerzo o cualidades propias; Pacheco pensaba que era más deseable todavía reinar sobre corazones aunque ellos no pasaran de dos y fueran tan sencillos, tan fáciles de atraer como los que veía atentos, pendientes enteramente de él.

Con las lecciones de Anita de la Cuesta, había mejorado Berta notablemente el gusto, hallándose merced a ellas en posesión de una gracia afinada, de un tino milagroso para el cuidado personal que servía como una religión.

Diariamente nuevas ropas y tocados presentábanla ante el joven en fases diferentes de belleza. Complacíase estudiando efectos, averiguando los más acertados para impresionarle con ellos, probando y vistiendo trajes, adornos variados admirables, con su expresión propia cada uno y sentido especial que traía a la imaginación ideas distintas como armónicos diferentes de una tónica egregia.

Había comenzado por el estudio del tocado que aprendió a variar de muchos modos, emancipándose de aquella nota única del cabello partido, peinado de soledad y decadencia indolente.

Los antiguos maestros cuyo ideal femenino quedó representado en esculturas y cuadros que ella podía ver y admirar, diéronla formas

---

84   *Reseda*: planta de flores amarillas y agradable fragancia que suele utilizarse en los jardines.

bellas innúmeras, selectas, fuente de claras y sublimes aguas en la cual bebía con avidez y decisión crecientes.

Las visitas a museos, las largas estaciones ante diosas o antiguas heroínas divinizadas por artistas inmortales fueron revelaciones sucesivas para ella, deteniéndose en la docta y superada imitación de aquellos modelos, que, como en meritísimo elucidario se le ofrecían resolviendo todas sus dudas y aspiraciones de belleza.

Tenía especiales aptitudes para devolver reflejadas en sus menores detalles las impresiones que recibía, aunque siempre completaba a su modo este arte de resonancia, no faltando jamás a su inventiva un toque original, algún acorde nuevo para añadir al primero que profunda y sentidamente intimaba con ella.

A los ojos de Pacheco, llegó a ser nueva divinidad encumbrada, conocedora como ninguna del arte de agradar y agradarse a sí misma sin confesárselo jamás ni nunca hacer de ello mención.

Pedíale a cada nueva transformación que anduviera y se mostrase; ella lo hacía así.

Derramaban las luces cascadas de brillante polvo sobre las telas donde adornos y broches relucían como constelaciones.

El aire perfumado por el aroma tibio que de los trajes se exhalaba sabía a dichas, reproduciendo espejos amables en sus lunas la variedad de actitudes y perfiles inesperados que Berta con gracia nueva inconscientemente adoptaba.

Poseía el don, como ninguna, de acomodar el gesto a la expresión de cada vestido, al cual sabía complementar, irguiéndose indescomponible y serena unas veces, otras avanzando graciosa e incitante o bien languideciendo, debilitada por la suavidad marchita de lo que declina o sufre. Pacheco imaginaba que nunca artista alguno tuvo ante así modelo más perfecto ni más bello.[85]

En su contemplación, soñaba; le deleitaba íntimamente cada una de las curiosas novedades que los sentidos detalladores apreciaban en aquella viva delicia, torturando sus potencias hasta extraer de aquellos

---

[85] El proceso de refinamiento del atuendo de la joven no es un asunto menor: recordemos que Nordau inicia la exposición de síntomas del degenerado censurando los estrafalarios atuendos de mujeres y hombres «que tratan de encarnar un modelo cualquiera de arte» y que «aspiran a producir un efecto a toda costa» (Nordau 1902 [1892], 17), es decir, individuos que hacen exactamente lo mismo que Berta. Por otra parte, el fragmento ejemplifica a la perfección el carácter contradictorio con el que la decadencia aborda la feminidad: por un lado, lo femenino es visto como la máxima expresión de la artificialidad pero al mismo tiempo la mujer es vista como una criatura más próxima a la naturaleza y al animal que al raciocinio masculino y por tanto, carente de genio y capacidad de abstracción, meramente imitativa, incapaz de cualquier otro desarrollo artístico.

soberanos momentos todo el jugo vitalísimo de superior encanto y goce elevado que contenían.

Otros ratos los dedicaban a la lectura de obras modernas, especialmente aquellas en las cuales sus autores, penetrados por esa suave media luz que parece envolver a la producción de estos tiempos, limpiando sus plumas de relumbrones e inútil hojarasca, contaban sencillamente cosas hondas o bien las sugerían en conceptos breves, semejantes a frases de una sinfonía en la cual cada palabra como nota atinada y sintética, rebosando idea y emoción despertaba vibradoras, amplísimas resonancias en el ámbito del alma concentrada.[86]

Sentada al piano, acompañaba Berta algunas veces las lecturas aquellas con melodías indefinidas, veladas y graves, cuyos motivos volvían, volvían siempre, modificados más o menos hasta acabar desvaneciéndose como espíritus que morían discretamente.

Perdidos los últimos acordes, sorprendíale al joven verla a veces llorar noble, callada, semejante a vaso de infinita ternura que rebasa y se vierte.

Su reacción principal era esa; el llanto o el silencio; alguna vez reía, mas sin descomponerse; sin mueca ingrata y molesta. En más de una ocasión, por un refinamiento de crueldad solo achacable a falta de fijeza, Alvarito la hería en lo más vivo de su pasión femenina, delicada. Constábale que sus palabras le hacían un daño inmenso.

Ni un solo músculo de su cara se contraía a pesar de ello e inmediatamente aquella infinita misericordia suya, de mujer habituada como hostia pacífica al sacrificio, le devolvía el cambio en una gracia; hablando de aquello que más grato supiera serle.

Así procedía siempre. Una vez la lección fue para él decisiva; se arrodilló ante Berta y adoró la orla de su vestido. Con el mismo semblante tranquilo y noble recibió ella la adoración que la herida.

En momentos tales ofrecía para Pacheco un extremado sabor, un atractivo irresistible inspirador de todas las violencias, y con dificultad hombre alguno hubo de luchar consigo como él se veía obligado a ha-

---

86   El párrafo reúne dos de los lugares comunes más significativos del momento: de nuevo, la alusión al crepúsculo («suave media luz que parece envolver a la producción de estos tiempos») y el ideal de la musicalidad del arte, formulado tempranamente por Walter Pater en «The School of Giorgione» (1877) donde declara que todo arte aspira a alcanzar la condición de música. La senda apuntada por Pater es ampliamente explorada por el simbolismo finisecular (recordemos las declaraciones programáticas de Paul Verlaine en «Arte poétique» (1874): «De la musique avant toute chose» o Stéphane Mallarmé en «Crise du vers» (1896): «Ouïr l'indiscutable rayon –comme des traits dorent et déchirent un méandre de mélodies:ou la Musique rejoint le Vers pour former, depuis Wagner, la Poésie») y censurada agriamente por Nordau precisamente por fomentar la percepción desordenada a través de la sinestesia.

cerlo en aquellos finales de sesión, cuando adelantada la noche, atacado el cerebro de un eretismo punzante, sedienta y enferma el alma con mal de vaguedades se aproximaba a Berta, entre suplicante e inquieto como forzado pronto a romper los hierros que le lastiman en la misma medida que le irritan.

Frecuentemente, sin cuidarse gran cosa de Adela, veladora asidua que a ratos se distraía escuchándoles, hojeando revistas ilustradas o libros sobados de devoción con cuyas señales solía sembrar olvidada el suelo, apoyaba el joven su cabeza en las rodillas de Berta, y esperaba con avidez el momento en que las manos olorosas de ella, embalsamadas, vinieran a manera de aura tibia y fragante para acariciarle. Lo olvidaba entonces todo, solo atento a aquel halago lento y fino, que le erizaba la piel como yergue y conmueve el imán las limaduras puestas en su campo.

Sus carnes se hablaban y al pasar la de ella las fibras del joven se alzaban obedientes para besarla y caer postradas.

Pendiente así de aquellos ojos a los cuales el corazón se asomaba sin velos, atento a sorprender en ellos el alba de un deseo para apenas señalada ya cumplirlo, perecía a su lado mirándola en absoluta suspensión como girasol de su sol cautivo a quien observa y adora.

Tenía Berta inclinaciones artísticas nada vulgares unidas a una voz que podía pasar por buena entre las mejores.

Había bebido cuando niña en la pura fuente de la poesía popular, cuya delicadeza o idealidad legendaria contribuyeron a nutrir y dulcificar su espíritu.

Las notas sostenidas y cadenciosas de los cantos galaicos que oyera en las calles o resonar por el monte a la vuelta de las romerías, habían dejado en su imaginación huella imborrable antes de perderse como un lamento a lo lejos y recordándolas, evocando ante el piano los más puros aires de aquella música declinante y nostálgica cuyo acento parecía traerle nuevas reverdecientes del antiguo tiempo se sentía transportada, morir en el más suave de los sueños.

Alvarito la amaba y había aprendido a gustar con ella el encanto adormecedor de los *alalás*, *alboradas* y *foliadas*[87] que le paralizaban; las *muñeiras* y *ribeiranas* que mecían sus espíritus acordes como canto de

---

87 Los alalás, las alboradas y las foliadas son cantos populares gallegos. Los alalás son considerados la forma más antigua de música tradicional gallega; se caracterizan por el verso octosílabo, el ritmo irregular y la repetición de la fórmula «alalá, alalá»; la alborada tiene como tema la reunión de los amantes al amanecer y la foliada se caracterizada por su aire festivo. También la muñeira y la ribeirana son composiciones musicales folklóricas.

una madre común, arcaica, perdida en el pasado, poetizada por leyendas y asomada al borde de una cuna en la cual sus almas jóvenes acababan por creer.

Berta hacía también vieja poesía y desenterraba la de antiguos cancioneros donde una musa distante y plañidera contaba por boca de trovadores portugueses, gallegos, castellanos, líricos desmayos o loores ingenuos a la reina Leonora, flor de altura, estrella y norte del alma poética que idealizó su tiempo.

Solía poner música adecuada a muchas composiciones de aquella floración inimitable y Alvarito la escuchaba cantar con voz pura, salpicada por frescas modulaciones atrevidas, sueltas como las de los pájaros, estos versos suaves:

> Al alba viide bon amigo,
> Al alba viide.
> Amigo el que eu mais quería
> Viide al alba d'el dia.
> Amigo el que eu mais amava,
> Viide a la luz d'el alba.

El canto de la doncella en *A cantiga d' amigo* seguía desarrollándose.

Enunciaba por boca de la joven temores dulces, impregnados de una ternura triste y amante:

> Viide aa luz d'el dia,
> Non traigades compannia.
> Viide aa luz d'el alba
> Non tragades gran companna.[88]

También las cantigas de Alfonso Álvarez de Villasandino[89], luz y espejo de trovadores, poeta «por gracia infusa de Dios», adquirían nueva vida al ser evocadas:

> Des que de vos me partí
> Lume d'estos ollos meus,
> Por la fe que devo a deus,

---

88 Se cita aquí una de las cantigas de amigo más célebres de la lírica tradicional galaico-portuguesa; desarrolladas entre los siglos XII y XIV y cultivadas por autores como Martín Códax, las cantigas de amigo suelen plantear un tema amoroso enunciado por un sujeto femenino. En este caso, la cantiga es el ejemplo paradigmático de una de sus variantes: el alba, en la que la voz lírica se lamenta por la separación del amado. Esta cantiga es particularmente célebre por la versión en castellano que elabora en el siglo XV el Marqués de Santillana y recogida en el *Cancionero de Palacio*.

89 Alfonso Álvarez de Villasandino (cca.1340-1424) fue un poeta de cancionero que, como el ya mencionado Marqués de Santillana participó en la escritura lírica culta con fuertes raíces en la lírica popular galaico-provenzal. Su obra aparece en varios cancioneros y de manera muy significativa en el *Cancionero de Baena*.

Mais prazer nunca vi.
....
Meus ollos andan mirando
Noite e dia a todas partes,
Buscando por muitas artes
Semo non moira penando.
Mais meu coraçon pensando
Nos lles quere dar prazer;
Por vos sempre obedecer
Eles non cessan chorando.

Como todo artista sentidor de su arte, Berta se transfiguraba cantando, iluminada por llamas interiores que daban a su expresión aire inspirado y vidente.

Pacheco no se había detenido hasta entonces a considerar el poder de seducción que una voz femenina bien timbrada, unida a un alma y a maneras artísticas muy acusadas llega ejercer en quien de cerca la escucha.

Era aquella una forma especial del lenguaje que para revelarse tiene el sentimiento y le llegaba derechamente al alma, sin mezcla ideológica, con una perspicuidad y pureza que le hacían esclavo, feliz y adormecido.

Comprendíase en aquellos momentos, sin propia voluntad, a merced de la que quisiera imponérsele, dominado por una magia elevada y dulce que le suspendía atrayéndole.

Como si el hilo argentino de aquella voz se hubiera arrollado en torno a sus potencias, sentíalas cautivas y obedientes, respondiendo a los menores estremecimientos, a las sacudidas más leves que Berta le imprimía, iluminada por una radiosa[90] envolvente, a modo de personalidad nueva que el espíritu en actividad sostenida le formaba.

El joven había sentido esa vital atmósfera, esa particular emanación de alma junto a grandes trabajadores; tratando a hombres de acción en los cuales formaba como un anticipo de su personalidad. Llamaradas de la forja interior a toda hora dispuesta.

Al descubrirla en Berta consideraba la íntima fuerza que suponía y se reconocía inferior.

Impresionaban también cilindros, en los cuales las viejas melodías quedaban inscriptas simulando blanda y anillada huella de helminto[91] sutilísimo.

---

90   *Radiosa*: que emite rayos de luz.
91   *Helminto*: tipo de gusano parásito.

En el surco apenas perceptible la voz seguía vibrando ignorada con todo su vigor, con escondido acento de alma cautiva, suplicante, que el fonógrafo recogía luego devolviéndola intensa y viva al mundo.

Eran horas gloriosas para los dos enamorados, en las cuales el eterno poema de la conquista desarrollaba sus estrofas inmortales, entre decaimientos adorables y ansias ardientes que les agotaban; como pájaros cuando se buscan para el amor y se desean, y alternativamente se muestran sedientos de contacto, sus gracias diferentes, sus plumajes que un sol galante dora.

A despecho de la ocasión sus labios se encontraban ofrendando los primeros mirtos ante el altar de la diosa complacida; bebían los dos de la misma piedra espiritual que hasta cierto punto les desalteraba cuando no exaltaba con mayor impetuosidad su fuego, y en rápidos segundos de dicha los dos desmayaban estrechándose, torturando a las almas que querían fundirse y llamear unidas su incienso de jóvenes amores.

Una ebullición de todas las potencias quitaba a Pacheco el sosiego, según se internaba, deliciándose por el golfo de amor beatífico, absorbiéndole enteramente y llenando de ardientes visiones sobre fondos de tentación su fantasía.

Al dejar a Berta, rompiendo los lazos de encantamiento con los cuales sabía retenerle, huía más bien que andaba, perseguido por el duro fulgor que en ojos de ella le trastornaba, por su perfume vertiginoso, por su voz que impregnada de nostalgias y mortales agonías continuaba sonándole en los oídos endechas de angustiosos amores y finamientos:

> A Deus, Amor, a Deus, el Rei,
> que eu ben servi;
> A Deus la Reinna a quem loei
> e obedeci.
>
> Ja mais de i en oirán
> Amor loar,
> Non amadores me verán
> Muller amar.
> A deus, donas de bon lugar,
> Que eu quero morir;
> De vos me venno despedir[92].

---

92   Se cita de nuevo una composición del *Cancionero de Baena*, en concreto una de las cantigas del Arcediano de Toro.

Sus acentos le quemaban el cerebro, las poéticas palabras resurgían dentro de él como si fueran por él mismo vividas, y al entrar en su cuarto a solas consigo, feneciendo de pasión, se desplomaba a veces humillándose como siervo de un dios implacable que mezclara la tristeza a la dicha, la alegría a delirios de infinita desolación inmotivada.

VI

El malhumor e irritabilidad de Don Zenón parecían exacerbarse a medida que la intimidad entre Alvarito y las dos señoras iba siendo mayor.

Una inquietud, vaga aún, inconcreta, mixta en el fondo de celos y paternal intranquilidad venía diariamente a sumarse a las muchas que le contrariaban, ante la perseverancia invasora del hombre nuevo introducido en su cercado.

Le conocía apenas; las noticias que de él pudo haber coincidían en señalárselo como dechado de buenas cualidades, aunque sabiendo muy bien la importancia que a la ajena opinión debe en estas cuestiones concederse, manteníase a la expectativa, devorando sus secretas ansias, dejándose ver lo menos posible del joven y arrastrando como una condena sus recelos en largos paseos solitarios y en mortales horas de excitación y encerramiento.

Tiempo hacía que el sueño se negaba a ofrecerle reposo cumplido. Pasaba ratos infernales entregado a sus extraños padecimientos nocturnos en el cuarto de soltero donde vivía, sin darle el ansiado alivio la lectura, ni los ejercicios físicos que sus músculos anémicos, dormidos, repudiaban, ni el mismo baño cuyas templadas caricias fueran en otras épocas sus pacificadoras preferidas.

Eran accesos de impaciencia, disgusto y atroz descontento de sí, unidos a sensaciones molestas que le escarabajeaban ascendiendo por brazos y piernas hasta hacerle entrar en furor.

Desde el lecho donde un desasosiego implacable, de todos los minutos, le hacía revolverse, consideraba la estancia amiga testigo de sus días faustos, callado coadyutorio[93] en aventuras galantes tan medianas como empeñadamente seguidas, archivo de sus pequeñas vanidades de provinciano mal desbastado. Inútil era pedir a aquel interior consuelos, mitigaciones de cualquier forma que fuesen. Estáticas las pa-

---

93 *Coadyutorio*: ayuda o auxilio.

redes blancas hablaban su lenguaje de suspensión, de espera indefinida, y los escasos muebles asistían también como dioses impasibles
a aquel desgarramiento de una vida supliciada.

Don Zenón unas veces los creía interesados, mirándole, esperando
pacíficamente el desenlace de aquellas torturas. Otras su desdén o impasibilidad le irritaba. Ningún detalle de cuantos en ellos descubría
dejaba de tener para su delirante imaginar una significación muy clara.
Y con ojos inquietos trataba de sorprender el sentido de aquel mundo
de cosas orientadas hacia él; que en sí continuamente sentía confluir.

Con frecuencia la excitación le obligaba a saltar del lecho y a re-
correr de extremo a extremo el dormitorio y la sala contigua; sus pasos
agitados, a través de la alfombra producían una trepidación[94] que se
propagaba hasta otros aposentos, junto con el ruido de algún mueble
volcado o el tin tin de objetos metálicos sacudidos.

La vieja sirvienta que al sueño confiaba sus seniles cansancios,
apenas sabía detalle de estos tormentos de su señor; dormía tranquila,
sin oírle, en estucado rincón, como discreta momia habituada a los
mismos cuidados y una mecánica invariable desde el primer año que
al servicio de Don Zenón entrara; solía rimar de día su egoísmo ingenuo y bonachón con aires marrulleros aparentemente solícitos, y
se tabicaba a la noche para todo lo del mundo, encogida entre las sá-
banas como en limbo apacible de aguas templadas, quietas.

El pobre enfermo medía sin descanso la estancia, gesticulando a
veces, las más huraño y contraído. No se concedía sosiego, imitando
a las fieras que viéndose enjauladas se impacientan y se dan semejas
de libertad, trotando horas enteras en sus encierros, o una semblanza
de salvaje ejercicio moviendo como mecanismos obstinados quere-
llosas cabezas al extremo de largos cuellos oscilantes.

Comenzaba a experimentar los primeros accesos de un desdobla-
miento singularísimo cuyos avisos le habían aterrado.

Al principio eran imprecaciones, palabras aisladas y molestas ve-
nidas no sabía de donde, que su oído recogía arañándole con ellas el
alma. Más tarde fueron voces furiosas, cuestiones irritantes que le tras-
tornaban, preguntas aceradas relativas a su vida anterior, califica-
ciones escuetas y duras que el pobre alucinando no podía sufrir y de
las cuales le era imposible librarse.

---

94   *Trepidación*: temblor violento.

Las primeras veces hubo de creer en una continuación de las persecuciones con que enemigos disimulados le acosaban; mas cuando pudo convencerse de que las voces en su retiro como al aire libre seguían, se imaginó llegado al fin; al borde negro y tétrico de un abismo abierto expreso para devorarle.

Luego, en aquellas sus soledades conturbadas, le pareció encontrar al fin un alma amiga; la sentía dentro de sí, bajo el corazón y desde allí voceaba ella también defendiéndole, sosteniendo extraños diálogos con las quimeras insultantes apostadas en los oídos.

Don Zenón asistía con una conciencia relativa, velada y confusa a estas conversaciones monstruosas; creíase a veces juguete de un mal sueño, embromado por espíritus maleantes decididos a irritarle, procurando oponerles un estoicismo que no estaba en su natural oponer, bramando como un animal bravo cuando su paciencia se acababa y la resistencia de que procuraba armarse venía al suelo.

Corría entonces golpeándose como un furioso por la habitación, contestando a sus roncos gritos los aullidos lastimeros de *Stop*, un *cocker* marrón con quien estaba encariñado y el cual desde el fondo de su acolchada casa oía temeroso el estrépito y la voz del amo en tribulación que él calmara si hubiera podido.

Más de una vez, en efecto, venciendo su pereza de can mimado y egoísta, estirando su largo cuerpo y corriendo a riesgo de hocicar, se había aproximado a la puerta, tras la cual el aquelarre continuaba; ladrando y escarbando con furia hasta verla abierta, para halagar luego a su dueño, saltando, apretando contra las piernas de él sus finas lanas, mirándole con ojos entornados y afables, mientras buscaba sus manos para besarlas y acariciarse contra ellas.

Don Zenón acababa por sentir la ternura de aquel afecto animal que venía a consolarle y se entregaba a la desolación como un niño.

Al final de estas crisis generalmente salía para vagar solo y sin alma por las calles, huyendo de sí y de sus recuerdos, o bien ahogaba estos últimos bebiendo hasta la insensibilidad.

Era lo único que trataba ya de encontrar; la alegría hubiérase dicho alejada para siempre de él. En su propio cuarto guardaba el precioso tesoro, bálsamo, a juicio suyo de sus males, figurando el mueble encubridor complicado relicario de talla, donde una musa feliz y reidora

se había entretenido esculpiendo desnudas figurillas salvajes, reto-
zonas, que hablaban de la vida por cada uno de sus poros.

Antiguas y nuevas marcas de espirituosos variados tenían allí su
representación, estimándoselas en la medida de su fuerza y cualidades
destructoras.

Don Zenón apenas distinguía ya entre ellas. Después de visitar su
provisión, rayando el alba, se acostaba rendido, obnubilado, o bien
tomaba un simón haciéndose llevar a la morada de las dos señoras,
entre las cuales dejaba transcurrir sus horas, aquietado por un ambiente afectivo menos áspero que la compañía de los hombres y sin
comparación más aliviante que la soledad a la cual temía.

Eran vanos cuantos esfuerzos intentaba por volver a revivir tenues
vislumbres del amor que había suavizado sus tiempos de fortuna.

Una irritante dureza le secaba la fuente bienhechora del sentimiento, solo estimulada ante las gracias infantiles o las amables melancolías de Berta, que alternativamente le reprendía y consolaba acariciándole, apoyando sobre él, tratando, por cuantos medios una
mujer inteligente y bondadosa conoce, de conmover aquel corazón
momificado que falto de joven savia se infernaba haciéndolas sufrir.

El pobre enfermo, aburrido por una pesadez dolorosa, recibía
aquellos consuelos sin pestañear, revertida la mirada atónica hacia interiores limbos que le absorbían, obedeciendo como cuerpo apagado
a los extremos de cuidado y ternura que su hija prodigaba sobre él.

Berta se dolía contemplándole inánime, magrecido, sin expresión
la pálida cara de piel dura y opaca, lúgubre reflejo de mascarilla cuyo
anticipo la hacía estremecer.

Por encima de su afección sincera, el fondo de sentido práctico que
la vida impone a la mujer la inquietaba más de una vez, haciéndole
considerar con espanto la posible desaparición de aquel hombre, cuya
lealtad habíale dorado la vida aunque le debiera su desgracia.

Don Zenón parecía de vez en cuando adivinar los pensamientos
de ella, mirándola entonces callado hasta que una agitación indomi-
nable de miembros le alteraba y descomponía.

Eran temblores rítmicos a los cuales se abandonaba sin lucha;
atraía con amor a Berta junto a sí y se oprimía contra ella como un
vencido; alguna vez el llanto empañaba con menudo rocío los cristales

de sus lunetas, en tanto Adela que le observaba celosa, pendiente siempre de él, refugiábase en su cuarto entre dolida e irritada para llorar a solas sus desdichas.

Había perdido el enfermo gran parte del cuidado que antes ponía en sí, mucho de sus maneras políticas y todo rastro de habilidad o tino. Los últimos fracasos habidos en sus empresas le hicieron retirarse de los negocios, para seguir los cuales se consideraba ya sin aptitudes.

Forzada sucesión de frases duras o brutales apóstrofes era la nueva, desagradable expresión de su lenguaje, y una continua desgracia parecía perseguir a él y a cuanto por caso o necesidad tocaba.

Esto le hacía encolerizarse, entrar en loco furor rematado por ataques terribles. Durante ellos indignábase contra las dos inocentes, las insultaba o amenazaba de muerte, entraba y salía sin motivo, inventaba historias atroces para confundirlas con ellas, deleitándose al parecer en salpicarlas del barro más bajo que manos o fantasía de hombre pudieron amasar.

Su excitación templada, ardía en deseos de reconocerse, trataba de humillarse descendiendo a ocupaciones vulgares o extravagantes hasta llorar por fin como una mujer, salmodiando en su habla regional imprecaciones de extraño acento, raramente trágicas y chocantes.

Varias veces el burlón espíritu desconocido había insinuado con energía en sus tímpanos:

— ¡Mátate!

La voz interior, la del alma amiga que por su defensa velaba debajo del corazón había creído conveniente callarse.

La otra, enardecida, seguía comentando en tono sarcástico la cobardía del pobre alucinado; se reía de él, le hostigaba, concluyendo con la misma energía zumbona:

— ¡Debes matarte! ¿A qué esperas? ¡Ve! ¡Ahora! ¿No? ¿Por qué? Pronto; cuanto antes. ¡Mátate! Cobaaarde.

Don Zenón, dejando la tarea, huía despavorido a esconder su terror en brazos de Berta. En ella y en Adela llegó con este sobresalto continuo a acentuar cierta exaltación particular, un desasosiego y falta de equilibrio que los extraños percibían muy bien, causa en ellas de una movilidad sorprendente de estados mentales y emocionales.

Su aplomo, ya de no muy seguro fundamento, seguía perdiendo

base; al hablar les era muy difícil razonar serenamente; embrollaban deteniéndose en ideas accesorias, perdiendo la ilación, revelando temores, alarmas continuas, seguridad de persecuciones; un complejo de anomalías que las iba transitoriamente perturbando.

Contagiadas de la ansiedad vivían en angustia perenne, esperando algo que no hubieran podido concretar y que no obstante creían las amagaba. Atravesaban la fase peligrosa de todas las exaltaciones; aquella en que más fácil es desorientarse y salir al acaso como la piedra de una honda; la fase de los heroísmos o de las grandes tonterías.

La inevitable, donde quiera que surge una expectación muy grande y duradera. En el decurso de ella se presentan casi siempre soluciones violentas o inesperadas. Los días se hacen eternos, la interior resistencia disminuye, llega a hacerse nula y los individuos salen de la recta, despistados. Acontece a los presos, desde que ven próxima su libertad, pasar días angustiosos, enflaquecer, amarillear esperándola y hasta cometer en tal estado de excitación y ansiedad nuevos delitos.

Madre e hija habían llegado a esa timpanización tan molesta como viva, en la cual un paso, una nimiedad, conducen al descrédito o a la propia, irremediable pérdida. Una palabra de los demás, una sencilla observación que les hicieran bastaban para turbarlas, hacerlas vacilar y orientarlas diferentemente.

Cuando a solas y en momentos de lucidez reflexionaban acerca de ello, temían, se prestaban ánimos una a otra, reunían sus fuerzas para oponerlas a la influencia disolvente que las inquietaba con amenazas de ruina completa y repulsión social; con terrores bajo las cuales perecían, enloquecidas de espanto y pavura.

Adela desolada, recriminábase sin interrupción durante horas y horas de hondo remordimiento, descompuesta hasta golpearse. Infligía a su cuerpo, harto macerado ya, nuevos castigos y abrazada a la hija de la falta lloraba, insinuándose como caso que de ejemplaridad debía servirla.

Berta era más concentrada, devoraba su agitación hasta no poder con ella y desmayar vencida ante el reclinatorio, donde sin una queja, repetía maquinalmente palabras de plegaria, demandando consuelo y protección.

El dolor la ahogaba, se sentía morir en aquella atmósfera de zozobra, de pelea continua y ansiosa, única que había conocido como víctima a toda hora ofrecida en expiación de ajenas faltas.

Había vedado por aquellos días Don Zenón que comunicase con Pacheco, sin invocar para ello razones, exceptuadas las de su capricho. El amor era el más adorable santuario que los ojos de ella saludaran; en él buscaba refugio y consuelo; privarla de él, obligarla a dejar su tibio ambiente perfumado por heliotropos y miosotis que la embriagaban con ardores de vino nuevo, suponía una crueldad implacable.

Con infinita pena hubo de resignarse exteriormente la joven a tamaña exigencia aunque a hurto de todos la comunicación continuase más viva y apasionada que nunca; los ojos y la palabra escrita habían sustituido en la nueva inteligencia al antiguo medio de expresión.

Bajo apariencias tranquilas su ansiedad iba no obstante en aumento y con frecuencia se preguntaba alarmada a qué extremo desconocido había de conducirla; bien comprendía que seguir tiempo y tiempo en la misma tensión era imposible y que las fuerzas habían de abandonarla pronto.

Una noche Don Zenón se presentó increpándolas, según acostumbraba; alguna otra vez hubieron de encerrarse por temor a posibles violencias; en aquella ocasión no pudieron hacerlo.

Llegaba tambaleándose, furioso, vomitando improperios, él, que cuando joven se estremecía con solo oír una palabra dura. Su irritación era tal que no acertara a coordinar, aunque la marea disociadora del alcohol se lo permitiese.

Parecía escupir las palabras, en verdaderas explosiones de su alma acusadas por sacudimientos bruscos de cabeza y brazos.

La voz ronca, estertorosa, buscaba por la astillada garganta sones ásperos en los cuales injertarse y un llamear feroz de los ojos sin movimiento venía a completar el repulsivo aspecto bestial del hombre fuera de sí.

Adela y Berta retrocedían ante él asustadas, sin osar hablarle; la violencia creciente de la invectiva les quitaba toda su fuerza acobardándolas, hasta que reducidas y aniquiladas, llorando las dos en abrazo de extrema desolación, viéronle sacar un arma y hacer ademán de disparar sobre ellas.

El estupor inmovilizó a la madre. Berta, enloquecida, corriendo, abrió el balcón y se arrojó por él.

Cayó en la acera, de lado y a lo largo; como su altura era pequeña y las voces en el cuarto continuaban, dejándose inconsciente llevar por el instinto que le aconsejaba huir siguió corriendo hasta la plazuela y desde allí, más tranquila, continuó arrecife abajo hasta encontrarse en el paseo.

Al huir lo hacía sin rumbo, sin conciencia de sus actos, como cuerpo desorbitado que marcha ajeno a sí mismo. Recordaba que al hacerlo, una luz desde la ventana más alta de un hotel la miraba con insistencia; eso era todo; lo único que al pronto sacaba en claro de la memoria.

Luego, su primera sensación fue de frío. Vio extenderse a la derecha filas entrecruzadas de luces a la misma altura simulando faroles monocromos de veneciana fiesta y frente a sí el Obelisco, que la luna galante plateaba. Aquel mojón sin gracia le pareció más atractivo entonces y hubo de considerar con envidia su serena quietud.

Le sugirió también una idea... de tal magnitud que al pronto le asustó. Poco a poco, creyéndose perdida y su hogar destruido por un enajenado fue aferrándose a ella hasta mirarla como única salvación.

Era mujer de resoluciones prontas y la adoptó sin vacilar, encaminando decidida sus pasos por el paseo del Obelisco.

Dormía la calle silenciosa, reposada, como expectación de algo; la luna iluminándola hasta lo alto parecía prestarle un alma quieta y cristalina.

Recortaban los hoteles sus siluetas feudales o modernas sobre trozos de un cielo opalino y las copas cimbradoras[95] de los árboles se movían apenas en los jardines, como queriendo afirmar algo y al intentarlo lo hicieran con temor.

Cuando Berta se aproximó a la verja del de Alvarito, creía que el corazón iba a reventarle. Oprimiéndose el pecho con toda su fuerza se aventuró a tocar el timbre. Aquel repicar enérgico y bullanguero fue para ella un campaneo de agonía.

Sabía que iba a encontrar en la casa solo al joven, pues su padre fortalecíase en el campo. Así y todo la trascendencia del paso que daba, el modo como habría de ser juzgado por las gentes la acosaban debilitándola hasta casi desplomarla.

---

95   *Cimbradoras*: que se agitan o cimbrean.

Álvaro a aquellas horas leía aislado en la biblioteca, saturando su imaginación de historias y escenas amorosas con las cuales procuraba llenar como podía un vacío enorme; el que la suspensión del trato con Berta le dejara.

Así que, al verla llegar tan a deshora, heroína real de sus sueños, introducida por Cipión que la seguía cariacontecido y admirado, sintió una oleada inmensa de dicha enturbiada por leve acento de preocupación.

Mil cuestiones torturaban sus labios cuando a solas los dos, atrayéndola hacia sí y acariciándola sintióla llorar y desfallecer libremente en sus brazos, como durante las horas de amor solía hacerlo, recatándose de enojosos testigos.

Álvaro le enjugaba el llanto, lo besaba otras veces, refrescaba aquellas mejillas encendidas arrastrando sobre ellas su frente ávida de amores, desbordante de ilusiones floridas; bebía en una palabra su gloria en el vaso espiritual que supo despertar sus sentidos a la luz, su alma a la pasión.

Sentándola luego sobre sí, peinando con femeninos dedos sus cejas finas, hízola hablar y explicarse mientras los labios de él candentes bebían la humedad del llanto y los ojos le centelleaban impresionados por los sacudimientos y el brusco dilatarse del seno rebosante que continuos sollozos conmovían.

Animaba a Berta al confesar, un secreto ardor, una vibrante excitación frecuente en las hondas crisis dolorosas y todo su ser atribulado parecía enloquecer, aferrarse con terror inexplicable al joven.

Hablaba de continuar para siempre a su lado, de huir los dos a parajes extremos donde pudieran amarse sin obstáculos intimando con el alma dilatada y complaciente de la naturaleza; perdíase en delirantes aspiraciones de apacible felicidad, con palabras que a borbotones salían de sus labios o tartamudeando, agotadas sus fuerzas, sílabas perezosas que se resistían a ser alumbradas.

Resbalaban sin intermitencia cursos de lágrimas ahondando caminos por las mejillas inflamadas; y rebasando los párpados, suspendidas entre los hilos pardos de las pestañas, lucían otras como argentadas elegías de amargo y doloroso sabor.

Álvaro secaba aquel llanto, oprimía febril aquella cabeza desolada contra la suya, internaba sus manos ávidas en la masa frondosa de cabellos, soltándolos sin darse cuenta de ello; se apenaba también él mismo doliéndose con ella y sintiendo flamear violento al amor hasta abrasarle.

Cierta nerviosidad honda estremecía de tanto en tanto el cuerpo de la joven recorriéndolo a lo largo, haciéndola en algunos momentos dentellear como si un frío inesperado la asaltara.

Álvaro comenzaba a sentirse dominado por un eretismo intenso desconocido para él, el que las emociones dramáticas sostenidas despiertan, cuando es la mujer quien las provoca.

Con sedientos sentidos bebía deslumbrado la belleza irresistible de Berta, femenina entre las mujeres, pasiva como áurea torre que divisa a su dueño y espera aquietada el momento de ser poseída; sus ojos habían dejado de llorar; los labios solos y el seno le temblaban conmovidos por una emoción animal a la que permanecía ajena el alma.

Álvaro rodeó con sus brazos aquel cuerpo y se alzó con él besándolo como a santo trofeo de amor. Abriendo seguidamente la puerta de la contigua cámara, marchó corriendo, hasta depositarlo sobre el lecho mismo donde en día no olvidado viera sentada a la muerte esperando confiada una presa.

Luego fue despojándola de sus ropas, quitando uno a uno los perfumados corporales que la envolvían hasta aparecérsele por fin, níveo y radiante, aurora de una gloria ante la cual se sentía desfallecer, desmayar de violento deseo y rabia.

Fue llave de plata que abrió por vez primera los postigos del recinto de fuego; al beso de los cuerpos siguió la unión estrecha de las almas que ciegas se habían confundido, elevándose, suspendiendo la vida un momento para volverla en oleadas triunfantes de lograda dicha.

Berta abrazada a él lloraba nuevamente. Llanto tibio de felicidad, de ansia satisfecha.

Leves sollozos apagados dilataban libremente su pecho, en el cual dos manchas temblorosas de baja color latían sin ritmo coronando a los senos desiguales.

Sobre el mayor, próximo al brazo izquierdo un minúsculo lunar

oscilaba también con débil tremor apenas perceptible. Rojo recordatorio sanguinoso, molestaba la vista como insecto enamorado fijo en
la piel donde perseveraba.

Era un descuido, una traición de la naturaleza; un punto de anti-
páticas tinieblas en el cielo del busto irreprochable.

Comenzando por odiarle, Álvaro intimó con él, queriéndole y aca-
riciándolo después de intentar sus labios vanamente, arrancarle de
allí. La perfección de aquel cuerpo admirable, copa de amor selecta,
tenía al joven pasmado; ni un solo perfil dudoso, ni una curva desgraciada o fallida.

La misma de la espalda, que en obras muy estimadas del arte
clásico había visto formando un abombamiento molesto entre los
hombros, ofrecíase casi desvanecida o insinuada con tal delicadeza
que rindiera las más exigentes voluntades.

Berta, luchando mal con el pudor, enamorada y exhausta, dejándose además vencer por el convencimiento de su propia belleza
oponía apenas resistencia a aquella curiosidad adorante que descubría
y solemnizaba sus excelencias capitales, apreciando matices por ella
ignorados, destellos nuevos de su forma acabada, más que real,
divina...

El calor, refugiándose en el corazón parecía abandonar su piel
enervante, dejándola finura de húmedo raso y suavidades heladas de
reptil.

Poco a poco fue despertando en ella el veneno de amor, el verdadero amor sediento de caricias, de contacto y carnales espasmos.

Reaccionando, imponiéndose por sí misma a la perturbación pa-
sajera que los choques morales le habían llevado al espíritu esclavi-
zándola, adormeciendo su facultad sensitiva, revivía ardiente y brava,
insaciable, rindiéndose a una impetuosidad que pocos hubieran sos-
pechado, bajo sus habituales apariencias de ingenua sencillez y pasividad indolente.

Con manos apremiantes, epilépticas, precipitada por un vértigo
inefable, estrechaba y atraía hacia sí la cara de Álvaro recorriéndola
ávidamente, mojados los labios que sobre ella posaban un bando de
apresuradas caricias.

Cuando agotada y casi desvanecida sintió llegar al sueño que de lejos le tendía sus alas, apoyó la cabeza en el pecho del joven y quedó dormida, soñando sobre aquel corazón que al latir le cantaba aires graves de pasión satisfecha, monótonas marchas en las cuales sus veladas potencias sorprendían notas penosas como augurios intranquilizadores.

Álvaro la miraba extasiado, apoyada la nuca en el brazo glorioso con que ella quiso rodearle; sintiendo pesar dulcemente sobre el costado a la cautiva de amor que nada supo negar a quien la amaba.

Ponía en torno a sus dedos sortijas del pardo cabello derramado y besábala honda, silenciosamente, con la ternura piadosa llena de melancólicos dejos que desde niño acumulaba recatándola dentro de sí por temor tal vez, falto también de sujeto a quien confiarla.

Era todo un depósito inalumbrado; tesoros de sentimiento que ahogaba entre gentes mal dispuestas para apreciarlos; su ser íntimo que salía por fin a la superficie desbordándose, ahogándole entonces a él, fluyendo en raudo caudal junto a la rosa de amor suave, cuyo leve aliento entrecortado encendía y avivaba en su pecho la llama triste de las sublimes dilecciones.

Más que vivir, una existencia parecía fenecer sobre su corazón; languidecida luz inoscilante, respirando apenas, besando hasta en el sueño con labios maquinales el arca amable donde quiso guardar por siempre vida y alma.

Álvaro sintió el peso de aquel amor primero levemente, luego aumentado hasta serle su gravedad dolorosa; el corazón se quejaba, golpeaba impaciente las paredes de su prisión estrecha; le sentía como una cosa viva que da cuenta de sí y se impone; por un momento creyó que iba a reventarle en el pecho.

Tomó entonces delicadamente la cabeza de Berta acomodándola en la almohada. Interrumpió luego la luz y abrigándose abrió, para serenarse, la ventana.

El frío era demasiado intenso; Álvaro que le temía quedó tras los vidrios considerando la quietud glacial del exterior, el resplandor de calcedonia[96] que la luna en su lleno difundía. Un alma muerta extatificaba las calles y edificios hasta donde la vista alcanzaba prestándoles quietud y rígidos reflejos de ciudad cristalina.

La caricia lunar penetrando dulce y atentada en el cuarto, lo

---

96   *Calcedonia*: tipo de ágata de tono lechoso y azulado.

llenaba de resplandores difusos, de cautelosas fosforescencias que animaban discretamente, con misterio, el sencillo interior.

Sobre el lecho, mal cubierta por las ropas alteradas y undosas Berta dormía destacando soberanamente su cabeza, su cabellera obscura que zozobraba en mil hilos desagregados. La cara tenia tintes lívidos al apoyarse en el brazo, elevado como una enseña, descubiertos la axila y el seno, suave y apacible refugio donde el joven momentos antes se había desvanecido de pasión.

Un débil perfume almizclado difundido en el aire por las ropas de Berta embriagaba como sutil alcohol.

Álvaro se sentía penetrado, enervado por él y con las potencias tendidas interpretaba deleitándose aquel cantar sublime, de armonioso ritmo, que el amor, la mujer y la metálica luz elevaban acompañándose.

Un cuidado enojoso le inquietaba no obstante, preocupándole y turbando con su importuno insistir aquellos momentos de afable reposo y contemplación. Carecía del aplomo que la experiencia de la vida comunica en situaciones difíciles y se imaginaba seriamente comprometido por la resolución inesperada de Berta, originadora de un conflicto para el cual no veía salida aceptable.

Sus ideas habían sido siempre contraformistas[97]; de una rebeldía muy acusada. La vez primera que la vida le colocaba en situación de afirmarlas públicamente con hechos, sentíalas combatir dentro de sí, importunarle, sofocarle casi, sin fuerza no obstante, para rendir su voluntad y determinarle a afrontar el general reproche.

Nunca se había propuesto en serio la finalidad que iba a dar a sus amores. Vacilaba, sintiendo todo su ser en ebullición, acosado por la influencia que la conciencia colectiva ejercía siempre en todos sus actos.

Saliendo del dormitorio comenzó a pasear su agitación por la biblioteca. Conocía muy bien ese automático deambular que en tantas ocasiones había dado sosiego a sus ideas, como si mecánicamente las conmoviera separando y fijando las más estables o aquellas que mejor resolvían las cuestiones que le hostigaban.

Acordándose de Cipión decidió confiarse a él. El criado apareció mal seguro de sí. Conservaba en los párpados el sueño no del todo ahuyentado, y en la cara, terrosa palidez de asceta soñoliento.

97　*Contraformista*: individualista.

Era un buen hombre, afectuoso y fiel, lento como habituado a pequeños trabajos y a vivir en abundancia; no tenía más voluntad que la de su amo, y casi puede decirse, que sentía por nervios de él. Colocado en la casa desde niño era a modo de mueble semoviente, un chisme bondadoso y útil destinado a consumir su vida en ajeno provecho y a desaparecer sin dejar más recuerdo de sí que el de una llama blanca al extinguirse. Su verdadero nombre era Manuel; Alvarito consideraba premiada su lealtad de can, llamándole Cipión.

El principal mérito de este hombre residía en pensar cuerdamente; era un águila machucha[98] del sentido común.

Cuando se enteró del asunto con todo pormenor fue pronto en presentar una solución. La misma que al fin hubo de adoptarse aunque Pacheco desconfiara de sí para convencer a Berta en lo que estimaba un acto de bárbara crueldad por muy que a su mente la ofrecieran los buenos deseos en que abundaba para más adelante.

Fue una escena de lágrimas y desolación. Nunca había estado tan bella la joven ni pareció mejor ante ojos de hombre. Era la misma pasión portentosamente encarnada y suplicante.

Hecha un ovillo a los pies de Álvaro, llenándolos de besos, abrigándolos con su cabello como manto ondulado tenía mucho de la esclava oriental que adora humilde y sollozando. Los extremos de sus senos azotaban la alfombra donde el llanto dejaba obscuras manchas.

Álvaro la sentía morir de dolor; una singular dureza le quitaba, no obstante, toda afección e interés por el cuadro que ante los ojos tenía y hubo momento en que sintió complacencia. Percibía la aflicción de aquella mujer como reacción molesta, produciéndole el efecto mismo de un desgarramiento físico que le irritaba sin despertar resonancia sentimental ninguna dentro de él.

Vencida por promesas, la joven se resignó llorando disponiéndose a partir.

Pacheco dio a Cipión órdenes rápidas y precisas.

Apremiaba el tiempo. Por encima del jardín, sobre la fronda el cielo clareaba y los primeros trabajadores embozados hasta los ojos, exhalación del pueblo tempranero que busca su sustento pasaban en parejas apresuradas junto a la verja o husmeando como lentos guiñapos en las basuras.

---

98   *Machucha*: juiciosa y sosegada.

Oíaseles cruzar saludos y rápidas palabras agriadas por la aspereza de sus voces enronquecidas.

Álvaro salió el primero para preparar a Adela y conocer lo ocurrido en la casa desde la huida de Berta.

Casi corriendo fue hasta allá. Encontró a la buena señora llorando arrodillada ante las imágenes de su devoción; era aquel su modo habitual de resolver conflictos.

Procurando calmarla rindió cuentas ante ella de cómo Berta había buscado refugio en el hotel, sin descender a explicar todo lo realmente acaecido.

Ocultó la verdad por cuidado de sí; fue traidor a la amada y al inmortal amor.

Supo entonces de Adela, que D. Zenón se había aplacado tan pronto vio desaparecida a su hija; que una inmensa postración le paralizó bastante tiempo hasta que pudo salir y comenzar gestiones para el hallazgo.

Berta llegó a poco en un coche, acompañada por una vieja sirvienta de Pacheco vestida a lo señora.

Cuando Alvarito salió de la casa, considerando bien terminada la aventura, evitado el escándalo y seguro de la reserva de la joven, sintió un alivio enorme miró reconocido el paisaje y adelantó de vuelta hacia su hotel sostenido medianamente por piernas vacilantes que flaqueaban negándose sostenerle.

Un frio crudísimo daba a su piel tonos violados y le hacía dentellear sin que la conciencia le acusara la menor sensación de él.

Berta pasó el día abatida; una impresión de tristeza, de ansiedad penosa la deprimía hasta ahogarla, mortificándola especialmente la idea de no poder confiarse, de ocultar la gran revolución, que disgustos tan grandes podía acarrear.

Recordando las impresiones de aquella su rendición impensada hallábalas en su mayor parte desagradables, salpicadas de ofensivos o humillantes detalles que hacían subir el rubor a sus mejillas o la indignaban. Por un momento había llegado a creer que la suprema entrega de sí con el dolor sellada sería prenda segura de su liberación; carta de ingreso en los dominios sonados de amor.

Pronto se convenció de lo contrario; su abatimiento le presentaba ideas sombrías de una amargura terebrante[99] desconocida hasta entonces para ella que tantas había devorado.

La única esperanza a que diera vuelos se le escapaba también, veíala huir hasta perderse en los confines grises.

En lugar de las sensaciones placenteras con que soñara, el vivir se le volvía por siempre, como eterna solución, tristezas; las sintió asociadas a mareos, a extraños ahogos, a una impresión particular de frío en los lados del cuello hasta la nuca, el día mismo que siguió a su aventura.

Para complemento le faltaba la luz, su sol amado, ostensorio magnánimo de animación, de vida ardiente; y una dejadez enfermiza la postraba quitándole todo deseo de acción.

Habían comenzado días monótonos de nieves interminables. El cielo las cernía con lenta continuidad abrumadora viéndoselas bajar, revoloteando, llenar el aire arrastrándolo al parecer en su caída.

De tanto en tanto una racha violenta llevaba el azoramiento a aquella blanca multitud arrastrándola en turbiones[100] oblicuos que se estrellaban quejándose contra los vidrios del balcón. Berta los sentía azotando las transparentes láminas y contemplaba con soñolienta vaguedad aquella monotonía descendente que alfombraba el suelo empenachando los árboles y cúpulas.

Frente a ella, en la huerta de Cánovas, un abeto de ramas abatidas inclinaba agobiado la paciente cabeza cana; y los múltiples tubos de chimeneas que adornaban el palacio, agrupados en manojos como erguidas potencias, coronábanse de glaciales estalagmitas que las ráfagas invariablemente tronchaban.

Reinando días lluviosos Alvarito la había sorprendido en la misma actitud; pegada como aparición sin alma a los vidrios, mirando con ojos apagados el espectáculo exterior.

Entreteníala ver caer el agua, menuda e invariablemente en largos hilos semejantes a elásticas gotas estiradas, sonándole su sencilla canturria extrañamente y sintiendo que algo se precipitaba también dentro de sí desde el cerebro, arrastrándole los párpados al caer.

Odiaba en tales ocasiones la calle y semejante al ave limpia que encastillada en su retiro aguarda, temerosa de ver maculado su plumaje, recluíase en casa teniendo por compañeras la nostalgia una somno-

---

99   *Terebrante*: sensación semejante al efecto de percutir repetidamente sobre una zona dolorida.

100   *Turbiones*: conjunto de cosas que son arrastradas violentamente.

lencia y nerviosidad particulares que la restaban gran parte de lucidez y a sus sentidos acuidad.

Eran días apáticos durante los cuales pisaba miedosamente, blando y sin ruido, endurecida para las impresiones de fuera y hasta de sí misma alejada o en caso tendiendo solamente a la irritación fácil y accidental.

Daba vueltas y vueltas como sonámbula, recorriendo sin objeto las distintas estancias, deteniéndose en ocasiones ante el piano cuyas cuerdas respondían a la pulsación fatigada con sones moribundos.

Otras veces sentábase tratando de leer. Le era de una dificultad extrema poner atención en la más leve cosa y ante sus ojos de estatua inexpresivos, aparecían y se desvanecían alternativamente líneas y páginas enteras de libros preciados; aquellos sus trozos predilectos de prosa humilde, toda ella hecha de sencillez, con leve dejo de esa melancolía depurada que tras las grandes crisis queda como expresión de almas acrisoladas por los reproches de muchos, por la continua hostigación injusta.

Con frecuencia al levantar los ojos de tales libros en rápida sensación ilusoria había creído ver animando las líneas la mirada clara y triste de una reina.

Hasta ese poder de evocación la abandonaba durante las ausencias singulares de su espíritu y con paso atenuado volvía a las vidrieras perdiéndose en la misma vaguedad de contemplación. Por encima del arbolado del paseo, sobre las casas extremas del ensanche, más allá del Palacio de Exposiciones, veía los grupos de árboles y casas, las calles despobladas, los objetos todos desaparecer en una velazón[101] gris, aburrida, correspondiendo dentro de ella a aquel exterior igual y monótono una apatía inmensa, un acorchamiento especial, angustioso, que la hacía creerse anonadada en un desierto plomizo y sonante.

Eclipses de alma durante los cuales le era imposible pensar, sintiéndose incapaz de todo. Con ellos había llenado, sin embargo, días y días de su vivir.

En vano Pacheco buscaba medios de contentarla y distraerla. Concentrada en sí misma no acertaba a dominarse ni estar atenta a los demás. Su cabeza caía hacia delante como agobiada corola y afanosamente buscaban sus ojos en un punto ideal la silueta de objetos que

---

101 *Velazón*: condición de estar velado.

la fantasía, en vagueación continua le mostraba. Parecía presa de un mal legendario, que a todos angustiaba a su alrededor, semejante a esas parálisis de vida que sobrevienen tras la muerte de una afección, o a raíz de un desengaño tremendo.

Se resistía a comer, podía apenas dormir agitada por ideas que le impresionaban como si en torno suyo sintiese al mundo vacilar abismándola para siempre, y más de una vez durante la noche, cuando su razón se perdía y una ansiedad espantosa le ahogaba, enloquecida por el terror, oprimiéndose la cabeza entre las manos se arrodillaba en el lecho pidiendo un poco de piedad al Dios que no la tenía para ella.

De estas crisis salía aniquilada, rendida, con mareos que a la mañana se resolvían en ingratos vómitos de saladas espumas.

Sobre esto, día por día iba dándose cuenta de una desagregación particular de la memoria que le borraba mucho de lo aprendido abriendo en su recuerdo lagunas enormes, trastornando el concierto de sus conocimientos, dejándola inhábil para sostenerse con seguridad y claro juicio en el discurso.

Era todo su ser que se desagregaba de espanto, en soledades miedosas, desquiciándose sin encontrar reparo más que durante brevísimos momentos, cuando entre los brazos de Álvaro se dejaba caer anonadada, libres los dos de la presencia vigilante de la madre.

El joven hacía imposibles por devolver a su amada la tranquilidad, tratando de arrancarla a la fatal pendiente por la vía de un amor piadoso y paternal.

Berta le recibía siempre entristecida, baja la cabeza, los brazos caídos, la actitud desamparada, lastimera, del que duda y desmaya del que se sabe sin remedio perdido.

Iba a su encuentro y al estrecharle las manos apoyaba su cara sobre el pecho de él marchando así a su lado silenciosa, abandonada a sus tristezas[102].

Álvaro acariciaba aquella cabeza abatida, reprochábale dulcemente su extravío anunciándola el nuevo amor, la afección salvadora que haría nacer fibras eternas en sus almas hermanas. Berta no respondía; lloraba con llanto de ave rendida, de mujer torturada que pide sin súplicas protección. Sentía el joven en aquel llanto algo más que

---

102   Tras las prolijas descripciones de los estados de ánimo de Álvaro Pacheco que tanto abundan en los primeros capítulos de la novela, asistimos en este capítulo a un larguísimo despliegue de los síntomas que delatan a Berta también como individuo marcado por la subjetividad finisecular: la apatía, la falta de concentración, las alucinaciones y finalmente las crisis nerviosas.

un reproche contra sí; era la rebeldía eterna ante el sufrimiento, ante la crueldad no solo de los hombres sino de la misma naturaleza; el grito que el mundo agobiado por el dolor lanza contra quien le creó para víctima; ese cántico de angustia que ya cuando niño le trastornaba, sintiéndole elevarse de montes y llanos: como complejo de voces sinnúmero que remontando el aire se perdían implorando la gracia del aniquilamiento a la hora de los crepúsculos de sangre.

Adela viendo a su hija entristecida, irritada otras veces sin motivo, demostrando odios violentos, afán de pelea contra personas que nunca la ofendieron y a quienes hasta allí había querido, se entristecía también, llegando algunos ratos a la desesperación.

Una y otra representaban los esquifes[103] sin rumbo, a sí mismos abandonados, perdidos por falta de norte en el inmenso mar donde tantos se pierden; navegaban a la ventura, cambiando sin cesar su dirección, pereciendo de ansiedad sin defensa ante la oscilación continua de sus propias ideas que las angustiaba hasta el mareo.

Había que reaccionar pronto contra la melancolía que en las dos se iniciaba; contra ese mal terrible que comienza por cansancio, misantropía, indiferencia, dejadez, falta absoluta de inclinación a las diversiones.

Comenzaron por los teatros.

La tendencia hacia la novedad y el exotismo, que en Berta era invencible hízole dar la prioridad a uno en el cual cierta compañía japonesa tenía anunciado un número muy reducido de representaciones.[104]

Un público de inteligentísimos, de altos curiosos y delicados había cubierto el abono, ansiando desorbitarse por unas noches del círculo conocido de distracciones.

La velada prometía ser rara y solemne.

El solo trabajo de vestirse y arreglarse, la actividad gastada en su adorno y el gusto de verse bella mejoraron el humor a Berta.

En secreto había llegado a ser la primera gustadora de su cuerpo

---

103   *Esquife*: tipo de embarcación que se lleva en navíos de mayor envergadura para poder tomar tierra.

104   La atracción por lo exótico y muy especialmente por Japón es un rasgo recurrente en la literatura modernista y el arte finisecular. Más allá de ser un gesto estético, la atracción por Oriente tiene que ver con el rechazo del utilitarismo burgués y la búsqueda de la evasión como modo de ampliar el hiato existente entre el sujeto y el mundo. Aunque en este caso la inclusión de la escena no deja de ser decorativa –como la descripción del exótico mobiliario de Anita de la Cuesta–, el subtexto que discurre bajo esta atracción tiene mucho que ver con la actitud de Álvaro al final de la novela.

admirable y como además dominaba el arte de situarse, de encontrar y afirmar líneas sublimes tenía en sí misma para surtirse a discreción una fuente de elevados contentamientos.

Debíalo a Pacheco, que en este punto perfeccionó la meritoria labor de Anita de la Cuesta.

De una mujer bien construida y buena como era su amada al tiempo de conocerla, inficionándola sabiamente de presunción y coquetería llegó a hacer una bella adorable, cuyo atractivo se depuraba de día en día.

La coquetería y presunción eran defectos que podían haberla destruido; haciendo de tanto en tanto que fijara su vista en mujeres anuladas por ellos, el veneno limitaba su acción resultando un producto perfecto.

Cuando Alvarito llegó para acompañarlas al espectáculo madre e hija le esperaban dispuestas.

Ya en la calle, una fuertísima impresión de frío les hizo vacilar.

La noche hubiera sido obscura a no resplandecer la nieve helada sobre el suelo, árboles y tejados. El coche tardaba en llegar y pensando sustituirlo con el primer simón que viera, Berta que era impacientísima y no podía sufrir dilaciones en la realización de su gusto echó a andar resueltamente sin temer al frío que arreciaba ni al peligro de aquella helada y resbaladiza nieve.

Se adelantó en efecto, sola, erguida, envuelta en blanca y larga capa, levantada la falda hasta la rodilla, al aire la parda cabeza de piel suave y transparente, luciendo copetes de perlas y un adorno radioso de amatistas.

Se veían apenas sus pies calzados portentosamente; parecía jugar con ellos sobre la nieve; mover con decisión y suprema gracia los estambres pulquérrimos de aquella flor inefable con perianto de calada enagua y sedas susurrantes.

Álvaro creyó morir; una rabia desesperada de amor, de llevársela le entró. Acercósele pronunciando su nombre en un grito ahogado.

Ella complacida sonrió, colgándose de su brazo con un frenesí repentino, mareada también y languideciendo de deseo.

A poco oyeron voces discretas y repetidas. Era Adela quien las daba llamándolos.

Álvaro llegó al palco, agotado, sin luz en los ojos, muriendo de extraña ansiedad.

El espectáculo sobre las tablas tenía un atractivo particular y nuevo. Fuera del lenguaje, para ellos incomprensible, el desarrollo de la acción, la expresión de las distintas emociones podía fácilmente seguirse en las escenas representadas por aquellos actores de otra raza que se movían bruscamente, afectos a una mímica violenta o felina muy diferente de la nuestra.

Berta observaba, atendiendo sin aparentarlo, distraída además por la novedad de los trajes, figuras, decoraciones y actitudes.

Una de las cualidades en ella más acusadas era cierta agudeza vivísima para apreciar la nota saliente de las cosas y las diferencias que por comparación presentaban con las que de ordinario solía ver y medir. Tenía, además, una retentiva de prodigio para el detalle, para lo pequeño siempre que fuera típico, y un discernimiento muy claro que simplificaba sus juicios dándoles a la vez pasmosa exactitud.

Parecía no fijarse en cosa alguna recorriendo con ojos vivos, inquietos la sala o entretenida arreglándose, jugando con las flores y adornos del borde del escote como niña adorable que se mira, ufana de su propio atavío. Nada sin embargo en aquellas rápidas escenas pasaba inadvertido para ella; ni la perplejidad y parálisis de rostros inexpresivos en lo dramático más culminante, ni aquel brusco moverse de monos impulsivos a quienes la cólera hacía rugir, convulsionándolos con sacudimientos epilépticos de cabeza y brazos.

Un aire de curiosidad, de expectante recogimiento atento reinaba en la sala, mientras el calor, la atmósfera cargada de perfumes, lo artificial de aquel ambiente dorado exaltaban al concurso acelerando en los pechos la marcha de los corazones excitados, llevando a los nervios característica tensión fatigante que pesaba rindiendo, paralizando casi las piernas.

Durante los entreactos el público bullía y comentaba brillando los ojos en competencia con la pedrería iridescente. Gesticulaban los más reposados entre risas nerviosas y adivinábase en todos una exageración, un exceso momentáneo de vida que ponía a los más, fuera de sí en un vértigo alegre.

Berta hizo observar al joven cierto individuo aislado, que en un proscenio, mirada errante a inatenta parecía interesarse poco por cuanto le rodeaba.

Por aquellos días se hablaba mucho de él; sabíase que era norteamericano de nación, posesor de incontables riquezas, inrendible la pasión, modelo acabado del dominio de sí.

Aprovechando lo último descubierto en aerostación y en la navegación submarina, dominaba en el mar, en el aire y en la tierra. Decíase de él también que trataba con la misma bondadosa y sobredivina humildad a amigos y enemigos, sin necesitar la contrición de estos últimos para perdonarles por anticipado las más atroces ofensas.

Álvaro detallaba con curiosidad escudriñadora aquella fisonomía inteligente y limpia, casi infantil, tratando de sorprender en los ojos que iluminaban claras luces la explicación de una existencia aparte, hipercerebral, completa y sintética.

Era sin duda un dios, cuyo valor en punto a elevación de vida podía equipararse, por lo menos, al de la restante humanidad tomada en conjunto.

En noches estrelladas Pacheco había visto cruzar semejantes a meteoros las sombras diminuídas de sus aerostatos, cuyos reflectores poderosos envolvían a la ciudad en haces de luz viviente, cenicientos como la estela caudal de los cometas.

Parecían saludarla desde lo alto arrancando a los miradores acristalados, a las metálicas monteras acerados reflejos. Una callada radiación de misterio animaba con vida sideral el conjunto de edificios; y sus transeúntes, pálidos como desenterrados elevaban su vista sorprendidos hasta el ojo del dios que desde arriba les enviaba su fuego de planeta.

Cuando apareció en el palco, un movimiento de vibrante curiosidad recorrió la sala. Fijaban todos su vista en él, envidiosos unos de la fama que como estela le seguía; admirándole los más con atención no disimulada de primitivos. Aquel mudo homenaje debía de tener para él muy escaso valor. Parecía alejado, viviendo su propio mundo. A poco desapareció, y no volvió ya a vérsele.

En la escena sobre fondos que remedaban países de abanico, el espectáculo seguía desarrollándose con la misma originalidad abigarrada; menudeaban los encuentros, los golpes innumerables entre guerreros de barbas hirsutas y vistoso atavío, arrastrándose a sus pies como hembras humildes, tiranizadas, mujeres minúsculas de blanquecidas caras y labios finos caldeados por un rojo deflagrante[105].

Ni una lágrima en sus ojos apenas visibles, estirados horizontalmente; ni un grito molesto en sus gargantas de porcelana que modulaban cortos gemidos dulces, piadosos, como de animalitos que se saben esclavos.

Ponían en sus curvos movimientos sin fuerza, desprovistos de toda brusquedad, una gracia undosa y acariciadora acentuada al incorporarse por el arreglo del vestido que las hacia veces andar como encorvadas, con mohín de tímidas muñecas ansiando complacer.

Al final de cada acto, una pulgarada enérgica en un instrumento invisible levantaba un sonido raro y pronto y el telón caía rápidamente.

Berta soñaba recordando todo cuando confundida en el vestíbulo con bellezas espléndidas, flores abiertas de elevadas estufas, hablaba de cosas indiferentes deslumbrada, agradeciendo la idea que se había tenido de llevarla hasta allí.

Pacheco la sentía toda suya, perteneciéndole en absoluto, apoyada moralmente en él, sirviéndole de escudo contra el velo de timidez que sentía embargarla, cohibiéndola con indefinible malestar.

Veíase en efecto rodeada por bellezas más perfectas o espléndidas, por caracteres mejor definidos; por superioridad en una palabra que la abrumaba, sin que su fondo primitivo demasiado próximo diera la justa importancia la enorme proporción de ridículo y considerables defectos que hacía a una buena parte de ellas muy inferiores.

A su lado una bella exuberante de ojos y cabello negros, grandes cejas cuyos extremos se elevaban dando a la fisonomía, penetrante y soberbia expresión de águila, sostenía animada charla con un grupo de jóvenes, separando de tanto en tanto como al descuido los bordes del abrigo que dejaban al descubierto magnifico busto nacarado.

Durante toda la noche había fijado en ella la atención admirando su aire realengo, las llamas carmesí de una boca dilatada, inquietante, que frecuentes sonrisas abrían. Bajo los elásticos labios distendidos, brillaban entonces incindiendo[106] las retinas blancos y agudos destellos de esmaltes húmedos. Al lado izquierdo, sobre el borde del escote

---

105 *Deflagrante*: explosivo, ardoroso.
106 *Incindir*: hacer una incisión, cortar.

hundiendo en el seno como en un reservorio de amor sus pétalos exteriores, posaba una flor roja, enorme, abierta y complicada como expansión de garganta voraz en cuyo fondo convergían las miradas dolorosamente ávidas, los deseos concupiscentes de todos.

Con su claro poder de evocación aquella flor despertaba la idea de una boca sangrienta sobre el corazón de la bella.

Repasando sus memorias no acertaba Berta a dar con el recuerdo de una mujer más decididamente hermosa.

Arrebujada junto a la puerta, inclinándose y esquivando con actitud de afortunada estatua la invasión de aire frío proveniente del exterior, otra belleza observaba, atendía con ojos apagados la aparición o el paso de algo que debía interesarle. Tenía cabellos de oro, encendidas las mejillas, rosa y finamente modelado el pabellón del oído que parecía pedir una súplica ardiente, un ruego de amor acendrado y sincero perdido en el aire, insinuado al pasar como un aliento, sin labial oscilación entre gentes que ponen toda su atención en observarse.

Y otra y otra y muchas; ataviadas con cuidado apuradísimo todas, adornadas como deidades, dejando ver cada una señaladamente la línea, aspecto o detalle que más la glorificaba; reproduciendo en reducido espacio la cohorte admirable, desenvuelta y riente que en los cuentos de hadas enamorada de sí misma pasea por claustros espejados.

Cuando vuelta a su casa y a su cuarto hacía Berta íntegro censo de sus menores impresiones, la penosa acerbidad[107] había pasado, quedándole en el ánimo grato sabor de sensaciones perfumadas.

Según iba despojándose de ropas y adornos ante el espejo se admiraba a sí propia penetrando con delicada fruición interior el divino sentido de su belleza, prodigada en blandas líneas, de suave frescura.

Al descubrir el busto radiante una oleada de complacencia y rubor la inundó. Los ojos le hacían ver en él esplendores nuevos como si dilatado por un exceso de vida exuberara en vez de marchitarse y decaer con el trastorno provocado por las pasadas crisis.

Fue un momento da dicha y feliz exaltación de sí misma; tuvo en un mismo punto la intuición completa de su valor y la plena justificación que a su vida prestaba la hermosura.

---

107   *Acerbidad*: calidad de acerbo, áspero, desapacible.

Ya en el lecho, la excitación manteníala despierta haciendo desfilar ante sus ojos el cortejo de personas, escenas y recientes recuerdos.

Un reflejo de los faroles exteriores atravesaba temblando los vidrios yendo frente a ella a iluminar con tinte amarillento un trozo blanco en la pared de la alcoba.

Tienen la noche, las sensaciones atenuadas, el mismo silencio y el sosiego, su cántico propio; extraño cantar que enerva y tiende intensamente los sentidos sutilizando su acuidad, su poder de penetración hasta hacerles percibir con vida la misma nada inanimada.

El rayo tremoroso, respondiendo al murmullo débil que la ciudad enviaba como un aliento parecía insinuar algo, hablar de misterio vibrando suavemente, agitando dentro de sí ondas obscuras. Poco a poco Berta fue fijándose en él. Su movimiento al fin la absorbió por completo y el cerebro con el eretismo de la fatiga se aferró a aquella claridad inquieta para vibrar hipnotizado, a tenor de ella, sus últimos devaneos, las postreras fantasmagorías que dejaban tras sí tenue estela de angustia.

Siguieron días más apacibles en los cuales la joven parecía vuelta a la normalidad, alternando las distracciones de noche con largos paseos por sitios abiertos, mientras el sol doraba los arenados arrecifes, llamando a la vida el varillaje muerto de los árboles.

Solía acompañarla en tales caminatas una de esas señoras para quienes la jerga corriente entre familias acomodadas reserva el apellido *trotonas* por ser su misión andar o por mejor decir correr, un día y otro, sirviendo como figuras de respeto a la diligente y emprendedora juventud femenina que de otoño a verano anima las calles y arboladas avenidas de la corte prestándoles vida peculiar y un atractivo que por sí solas no tienen.

Era una buena señora silenciosa, ahilada[108], bronquítica, llorando bajo una piel reticulada y mustia que el afeite trataba inútilmente de refrescar, la elegía de la ancianidad buscadora de amor, soñando obstinada con posibles triunfos de una belleza para siempre perdida.

Sus labios adelgazados, sin calor ni expresión, habían perdido todo rastro de juventud, la incitadora turgencia de fruta fragante; a los lados de la boca, las gastadas mejillas caían; los párpados temblaban acribillados por surcos menudísimos y entre las cejas descuidadas, una

---

108   *Ahilada*: de voz tenue.

línea profunda se alzaba como enseña de idea fija y de tormento. Solo los ojos brillaban con mirar hondo, con ardor sobrenatural. En ellos, en el pequeño espacio de las pupilas medrosas e inquietas se había refugiado el alma sobrecogida, turbada por continua intranquilidad y desconfianza perdurable de sí.

Testigo de sus ternuras abnegadas, de su solicitud humilde, Alvarito observándola veía en ella a la afectiva desafortunada, a la mujer que se despide tratando de iluminar su vida con los últimos resplandores ideales rindiéndose sin voluntad a las primeras palabras de amor, aspirando pasmada de agradecimiento el veneno sutil de los postreros entusiasmos que consigue encender.

Alguna semejante había frecuentado, que bajo la máscara guardadora del secreto de sus años exhibió ante él la pequeñez de su pie, la gracia de una voz bien timbrada, revelándole poco a poco, de noche, en intimidad gradual y espaciada sabiamente su nombre y condiciones, sus retratos cuando joven, su cara desnuda hasta abandonarse por fin, agitándose en brazos de él como pájaro herido, forcejeando para velar por unos segundos la flaqueza y flojedad del seno, los rumores desconcertantes del pulmón gastado...

Berta hablaba poco a su acompañadora; encerrada más y más dentro de sí faltábale la energía, el resorte interior que toda comunicación exige. Cuando se incorporaba Pacheco, al verle llegar, al divisarlo y conocerlo a distancia una irreprimible repulsión se despertaba en ella; cierta rabia súbita que le costaba gran trabajo dominar sustituyéndola al fin por su adhesión de siempre, fiel y abnegada.

Paseaban los tres por sitios claros, recorriendo los altos del Hipódromo, las márgenes escuadradas del canal bajo las sombras varillosas de álamos desnudos, aventurándose por caminos sin alma hasta Chamartín o rodeando áreas extensas de yermos despoblados; de grises o amarillentos montículos. Descansaban algunos ratos trayendo a la memoria recuerdos amables; otras corrían solazándose como niños, riendo con la abierta alegría floreciente, nota juvenil de los campos, de las despejadas extensiones.

Solo al retorno, cuando el cansancio entorpecía sus miembros y la humedad con apariencias tenues de neblina la turbaba, volvían a la joven las ideas obscuras y su memoria se complacía recordando hechos, cuadros y escenas de decadencia. Desfilaban entonces por su imaginación procesiones sin fin de larvas grises u obscuras sobre plomizos fondos; las horas de languidez y abatimiento, el recuerdo de los paisajes erizados del otoño a la hora en que el sol ya sin fuerza, como rodela de oro declina entre los negros troncos paralelos de los árboles yertos.

No había vuelto a extremar con Pacheco la locura de amor sobrecogiéndola un espanto que la ponía fuera de sí llevándola casi hasta gritar, cada vez que pensaba en lo hecho y en la posibilidad de su repetición.

Aniquilada y temblando se recogía entonces al rincón más quieto de la casa, oprimía con manos frenéticas el abrigo en que trataba de arrebujarse, y sacudida toda ella por un loco terror oraba dentelleando, mientras con ojos dilatados, vertiginosos, en el sosegado ambiente veía moverse y serpentear remordimientos animados como enormes larvas viscosas; ojos de fuego que la miraban sin descanso, centelleantes.

El final de estas crisis solía ser quedar desvanecida e inútil para dar cuenta de sí en uno o dos días al menos.

Guardaba cama y entretenían sus soledades, además del celo de Álvaro, la amistad piadosa de Anita de la Cuesta que la prodigaba consuelos y compañía durante horas enteras, y la maternal solicitud de Adela, puesta a prueba sin interrupción desde el nacimiento de su hija.

Las dos señoras traían su labor y junto al lecho conversaban sin ruido, atareadas, bajo el mirar sosegado de Berta a quien aquella quietud consolaba. Con ese espíritu observador del enfermo, que detalla obligado por su inmovilidad las mínimas nonadas de cuanto le rodea, veía ir y venir las manos de las dos amigas, manejar los pequeños y lucientes chismecitos indispensables para sus labores, moverse en una palabra con cierta soltura, justeza y elegancia de las cuales la mecánica femenina parece guardar el secreto. Por momentos parecíale que las manos, como en una sesión espirítica, tenían vida propia, siendo ellas las animados por sí, las que erraban con gentil apresuramiento contándose sucesos a la suave media luz de la habitación.

De tanto en tanto el pecho se le dilataba exhalando como penoso aliento un suspiro largo y doliente. Adela estremecida llegaba hasta ella, preguntábala con inquietud, arreglaba los cabellos desordenados sobre aquella frente querida, besando con amor los labios exangües, parcos en lamentarse, hechos a desmayar, y perecer sin queja.

Cuando la luz del día faltaba, Anita recogía su labor y satisfecha de la buena obra tornaba con paso diligente a su cuarto, el único que en realidad dejaba de interesarle entre todos los de la casa aunque ante extraños hiciese ver lo contrario elogiándolo sin medida.

En vano las máscaras cerdosas, los personajes descompuestos y gesticuladores, cuanto bullía y trepaba por paños, porcelanas y tablas la requería con sus actitudes más delirantes, con su humorismo dislocado, próximo a lo espantable; era aquel un derroche de animación cuyo mérito estaba gastado para ella.

Teníalo ya demasiado conocido; tanto gesto variado, tantas situaciones gloriosas, los paisajes policromos y de relieve, las argentinas bandejas cinceladas, los juegos de té afiligranados, las maravillas artísticamente barrocas hijas de una paciencia búdica superior a toda ponderación no despertaban desde mucho tiempo atrás resonancia alguna en su fantasía.

Concentraba, o mejor, derramaba su vida en lo exterior; era trasunto fiel de aquellas buenas almas que no habiendo amado pasionalmente jamás o teniendo muy alejados los tiempos en que lo hicieron transforman su necesidad de amar, su ambición sentimental y afectiva, en deseo de agradar a todos, pagando con moneda de histérica bondad cuantas atenciones o muestras de simpatía reciben. Practicaba, en una palabra, la consoladora amistad, el inmortal arte de Eurídice, complicado por una Venus encubierta y fallida que la hostigaba sin revelárselo jamás ni iluminarle la conciencia con sus luces.

Hacía días que sospechaba alguna nueva anormalidad en la existencia de las dos señoras. Era lo bastante discreta para no preguntar, aunque suponiéndola traída como de ordinario por el inquieto y dramático espíritu de Don Zenón decidió hablarle y hasta, si le era posible, conmoverle en cuanto se le ofreciese ocasión para ello.

No tardó en encontrarla muy propicia. El buen señor, cuyo interés por Adela y Berta era solo un efecto, y no muy trascedente de propia sugestión, se había detenido poco en sus averiguaciones respecto a la aventura de esta última; acabó por creer muy lógicas las exterioridades de los hechos, no volviendo a pensar en ello sino para acrecer su odio a Alvarito, cuya presencia había llegado a serle intolerable.

Como buen primitivo odiaba cuanto hay que odiar los convencionalismos sociales y por una explicable tendencia a la reducción los encarnaba todos en el joven, que poseía el secreto de la indiferencia hacia tan importante persona como Don Zenón se creía.

Quebrantado este y casi loco por sus alucinaciones y trastornos que el imaginaba personalísima desgracia, sin advertir cuán frecuente, descrito y conocido era su propio caso, experimentaba por aquellos dial un retorno a los sentimientos infantiles, una vuelta a la infirmeza, a los misticismos de los primeros años, involución que llenaba sus horas no agitadas, de sentimentalismos e ideales evagaciones[109], llevándole a frecuentar iglesias y a buscar alivio a su ansiedad en el ambiente apacible de las cosas espirituales.

Una tarde, Anita lo halló contrito[110] y apesarado rezando ante los dorados altares de una iglesia vecina. Pertenecía ésta a un Asilo respondiendo su arquitectura y el interior adorno, a ese gusto chillón en que los dorados abruman y el cuidado sin gracia del detalle, molesta. Las llamas interiores de una estufa de gas se reflejaban en la cara del enfermo, dándole para los ojos imaginativos de la viuda una apariencia completa de condenado en oración.

Esperó a que saliera y le abordó prometiéndose mucho de sus buenos oficios.

Nada, sin embargo, pudo en claro averiguar, si no la certeza de que aquel hombre estaba mal, muy mal y que sus ideas no iban por los caminos que entre las gentes sanas se acostumbran. Falto de todo dominio se le había espontáneamente confiado hasta un límite que ella no creyera, contándola cosas de sí que esquivaba y no quería escuchar: desorientado en fin, en una lamentación desagradable enojosa para oída de labios de un hombre; dándola absolutamente la impresión de haber perdido toda su fuerza moral y hallarse en el más triste estado de debilidad y aniquilamiento.

Llevaba en efecto Don Zenón bastantes días ya de espantosa lucha

---

109 *Evagaciones*: divagaciones, pensamientos distraídos.
110 *Contrito*: arrepentido.

consigo, errando sin rumbo por la villa con el automático marchar
que suele preceder a las catástrofes personales o acompañar a los estados de honda preocupación y desconcierto interior. Día y noche
vagaba como un repelido, sin hallar sosiego en parte alguna, perdido
el juicio en los embates[111] interiores, sin ver ni oír sino las tempestades
de ironía sangrienta, de agresivos apóstrofes, de desesperación y rabia
loca que dentro de sí se desataban. En vano los aspectos variantes de
la villa y sus paisajes, la soledad medrosa que a la noche encandila los
sentidos, cantaban sus salmos claros y animados o su difusa elegía de
temeroso misterio.

Don Zenón nada de ello descubría sino era a sí mismo, ni hubiera
podido considerar en su conciencia, una sola de aquellas formas tan
intensas de vida. Algunos días su desaliento era tan grande, su desolación y aniquilamiento íntimos tan abrumadores, que se creía llegado
al límite mismo de la existencia. Otras veces le ahogaban la cólera, el
delirio franco y espantoso, pródigo en palabras hediondas del más
bajo origen y empleo. Así se le veía arrastrando su vida como cadena
insoportable cuyos eslabones le desgarraban las carnes a cada sacudi-
miento, dejando en su camino estela de ellas sanguinosa.

Considerándole venía a la imaginación el recuerdo sangriento del
supliciado que fijo al poste sufría en otro tiempo el tormento de la des-
corticación, dardeando sus carnes humeantes, las trompas implacables
de tábanos morosos.

Varios días estuvo sin aportar por casa, sin dormir, comiendo
apenas, deteniéndose en bajas tabernas, en tugurios infames donde
daba satisfacción a su sed insaciable, ahogando en ardientes ponzoñas
las ansias tormentosas de una vida que se le huía inconsolada.

Su fiel can iba con él, le acompañaba silencioso, acariciándose
contra sus piernas cuando, al verle sentado podía apoyar en ellas tranquilo cabeza y pecho, aullando otras veces a la obscuridad ante los des-
campados desiertos.

Una noche, errando como siempre, llegó, el pobre hombre a casa
de las dos señoras. No hizo sino adelantar hacia el portal.

Lumbreaba[112] este con claridades blancas, reflejadas por el adorno
general de mármoles, sobre el cual las rojas manchas de las puertas
brillantes simulaban gestos abiertos de expresiva bondad.

---

111 *Embates*: acometidas violentas.
112 *Lumbrear*: relucir, brillar.

La misma alegría de aquellas notas francas, animadoras y atractivas acentuó el contraste con la huraña desolación que le dominaba. Un resplandor de afección, tal vez superficial, pero claro y sentido al fin le había llevado hasta allá buscando el refugio conocido, el rincón por el alentado, donde los lazos más fuertes que al mundo le ligaban, residían. A la vista de aquella claridad riente, invitadora, la repulsión devino más sensible, acrecentando en él el sentimiento de íntima y abrumadora desolación, hasta hacerle vacilar y cambiar de idea dejando incumplido su intento. Allí también el naufragio de su voluntad le había aniquilado, saliendo de esta postrera prueba, sin oriente, perdido, agotada hasta el límite su resistencia.

Lentamente, contra su costumbre, descendió el arrecife. Su paso tenía la indecisión y el trémulo acento de las vidas que se extinguen.

Ya en el paseo, Alvarito que se encaminaba hacia la casa cruzó próximo a él, sorprendiéndole aquel aspecto abatido, aquella extrema lentitud de su marcha, jamás conocida en tal sujeto. Le maravilló tanto que hubo de decidir seguirle a distancia. Don Zenón avanzaba sin ver; su abatimiento, la penosa actitud de su cabeza abismada inspiraban lástima infinita.

Uno y otro llegaron de este modo, distanciados, hasta la última plaza donde se eleva el grupo de Isabel y Cisneros[113].

Un airecillo fresco movía la arena, los mal barridos detritus del paseo, agitando con leves crepitaciones las ramillas de los arboles hinchadas por el flujo de vida renaciente.

Anima de noche aquel lugar un alma seria y atormentada que parece compungirse y llorar recogida en los ángulos sombríos; dilatarse inspirada en los altos y edificios, pender como jirón doliente de las esculturas y picudas salientes.

Don Zenón pareció dirigir una mirada sin fuerza a todo aquello. Su cabeza había girado inatenta como un despojo, sin detenerse ni reparar en cosa alguna.

Llego luego hasta las puertas del Hipódromo y se apoyó de espaldas contra el fuste de un farol.

Su actitud de desastre y acabamiento, impresionó fuertemente a Pacheco, quien tuvo un punto la fulgurante intuición de lo que aquel hombre iba a hacer.

---

113   Se refiere al grupo escultórico dedicado a Isabel la Católica, obra del escultor Manuel Canet e inaugurado en 1883. En él aparece la reina acompañada de Gonzalo Fernández de Córdoba (el Gran Capitán) y el cardenal Mendoza, y no Cisneros, como apunta el texto.

Fue muy sencillo.

Sacó del bolsillo un arma, trató de apoyarla en la sien y disparó.

El proyectil pasó rozando la cara de Pacheco. Le produjo el efecto de una caricia que perdía. Un raro sentimentalismo interior hízole más penosa la nostalgia de aquel contacto que le abandonaba dejando apenas un aliento de vibración en sus nervios tendidos.

Fue al segundo disparo cuando consiguió su objeto el enfermo, cayendo al pie de la farola con el cráneo deshecho. La muerte había sido feliz, aunque ruidosa y poco bella. Mientras Pacheco, por el momento insensibilizado, se acercaba para contemplarle, iba pensando en esto y en que tal vez un grito, una palabra suya hubieran podido salvar a aquel infeliz. No le quería mal; le era a lo sumo indiferente.

En vano se preguntaba por qué no lo había hecho; la razón de su impasibilidad ante aquella desgracia. Sin duda en aquel breve tiempo el espíritu de los *thugs*[114] debió absorberle y dominarle. El de todas las razas viejas y cansadas, cuando pasado el periodo de la indiferencia solo ven como salvadora solución la supresión de sí y de los demás predicándola con fe y veces practicándola.

Ni un solo eco había respondido en aquella soledad al ruido de la detonación; Alvarito vio a Stop lamer la sangre que manaban las heridas de su amo y hacer sobre el cadáver una lamentación larga y tristísima; vio así mismo las luces oscilantes de dos linternas acercándose al paso tendido de hombres que al extremo de sus palos armados las sostenían.

El joven se dirigió resueltamente hacia ellos.

---

114   Los *thugs* o estranguladores fueron una sociedad secreta de asesinos profesionales existente en la India desde la Edad Media hasta principios del siglo XIX vinculados al culto a la diosa Kali. En la cultura popular quedaron rodeados de un aura de frialdad e impasibilidad extrema, relacionada a su eficiencia como asesinos y el elevado número de víctimas que dejaron.

VII

Fue una tarde riente; una gloriosa tarde primaveral cuando Berta, suplicante y humilde comunicó a Pacheco la noticia; la explicación de tanta tristeza a solas devorada; de tantos días pasados en la inacción, en el campo asfixiante del remordimiento.

Se lo dijo de pronto, sin rodeos, después de llevarle a semiobscuro rincón, observándole como con lente el gesto del cual estaban pendientes sus esperanzas y dando a sus palabras esa trascendencia y hondura que la mujer sabe prestar a hechos y cosas sencillos siempre que con detalles de su misión natural tengan relación.

El joven la escuchó con sorpresa y luego con un aturdimiento del cual no supo disimular las señales aparentes. La idea de una paternidad en la cual no había soñado le desconcertaba, llevándole al mismo estado de alteración paralizante que las situaciones críticas de la vida provocaban invariablemente en él.

No supo qué contestar. Como pudo hilvanó algunas palabras vagas, ininteligibles casi, inspiradas por una voluntad mediana y esquiva, que hacía lo posible por huir y disimularse ante la realidad.

Cada una de sus frases incoherentes, miedosas, obraba a modo de corrosiva ponzoña en el corazón de Berta, que acabó por rechazarle con asco. Pacheco entonces volvió sobre sí, trató de acariciarla y sus mutuos deseos se fundieron por fin en el abrazo doliente y supremo con que la joven le envolvió.

Eran pasados ya bastantes días desde el trágico fin de Don Zenón, desgracia que había anonadado a las dos señoras no dejándolas en buen espacio de tiempo ni el alivio del dolor franco y expansivo que encuentra en el llanto su propia sedación, ni mucho menos ese divino don de la fuerza que hace posible dominarse y reaccionar en medio de las grandes desolaciones del espíritu.

La misma generosidad de su protector que no hubo de contentarse con menos que con legarles cuanto poseía era un título más para el acrecentamiento de su pena en la cual una a otra se auxiliaban sin llegar por completo a hacerse dueñas de sí, ni a encontrar un punto de afianzamiento en el vértigo que desorientaba y perdía sus juicios.

Ocurre con ciertos choques morales, especialmente cuando su acción se dirige a débiles o a personas gastadas por la vida, aniquilarlas en el momento y prolongar luego los mismos efectos de atontamiento y perturbación meses y meses.

El alma flexible de la mujer sabe con frecuencia imponerse a tal acción o desvirtuarla al menos, evadiéndose por la multitud de sendas y sendejas que su inestabilidad mental, la natural movilidad de sus afecciones y pensamientos le trazan.

Madre e hija habían sufrido demasiado; llevaban sobre sí un cargo anterior de trastornos y penalidades lo suficientemente grande para no poder resistir y hacer frente a una nueva sin exponerse a riesgos graves; tal vez la pérdida de la razón.

Para Adela sobre todo, la desgracia tenía un valor inmenso y hacía sobre ella todo el duelo de que su alma conturbada era capaz. Las escenas inacabables de aquel amor al cual había consagrado sus años mejores, la más elevada esencia de su vida, desfilaban sin interrupción ahondando surcos en su cerebro, grabándola el alma con tormentosas señales que la quemaban y de las cuales quería vanamente huir.

Una tras otra iban apareciendo, tristes, sombrías, impregnadas de remordimiento y de atroz angustia, acosándola cuanto más lejos de ellas quería verse, cuanto más trataba de disiparlas.

La repulsión nerviosa era a veces tan grande que la hacía levantarse y huir en la semiobscuridad de las quietas estancias.

Durante el día, el sosiego de aquellos interiores apacibles la alarmaba; veía con ojos intranquilos objetos y muebles que le contaban cada uno su historia, los varios recuerdos fijos en ellos, como consubstanciales y errando por la casa no hallaba un solo lugar donde reposarse, donde las cosas no oscilaran ante su vista ni dejara por último de ver con impalpable relieve la sombra temerosa del desaparecido.

Muchas veces pensaba que sin la compañía de Berta hubiese sido para ella un imposible sobrevivirle.

Las dos conocieron esa soledad miedosa de las vidas entre las cuales está pronto a elevarse un espectro; el trabajo, la diaria labor olvidados; la irresolución en los actos más nimios, la lentitud agobiadora, el invencible marasmo, el aura de sepulcro que parece llevar consigo la desgracia.

Al sentarse a la mesa, una y otra temblaban y más de una vez se aterraron y abrazaron unidas, estando las dos dispuestas a asegurar que la silla que él solía ocupar se había movido gimiendo. Eran comidas frugales, a destiempo y desarregladas, entristecidas por un silencio que ni una ni otra se atrevían a romper.

Adela no probaba bocado. A Berta le acontecía lo propio, sino que como joven y en un estado continuo de espasmo, perdida la metodización casera y ordinaria realizaba algunas veces el tipo de reacción primitivo, ávido y pronto. Pacheco la había sorprendido cuando más olvidada estaba, comiendo inconscientemente; devorando. Hubiérase dicho que se pegaba al alimento, absorbiéndolo con rapidez, con una velocidad, precisión y ritmo de movimientos que hacían pensar en la máquina voraz, en el insecto ávido realizando mecánicamente con un celo singular y ardoroso la mímica justa y en cierto modo artística de la comida pronta.

Las noches pasábanlas una y otra en vela, abrazadas por lo común, asombrados los ojos de los cuales el sueño se obstinaba porfiadamente en huir.

Noches interminables de vigilia, incomprensibles para muchos hombres, noches de abandono miedoso en las cuales todo rumor estremece; el más leve crujido hace temblar las carnes como lamento de un alma aprisionada; las retinas enfermas animan bullidora confusión de fosforescencias en hormigueo continuo y la imaginación despavorida por la más leve alarma, da vida miedosa a las sombras o a vaguedades fluctuantes y hace surgir espectros que la llevan a los límites últimos del espanto.

Solo a la mañana, cuando el sol enviaba su reflejo hasta ellas el alma se les dilataba y el amor a la vida, una dulce sensación de ventura las hacía estrecharse más aún, colmarse de besos, dichosas en medio de sus tristezas.

La compañía de personas afectas era lo único que les llevaba algún consuelo, y así recibían como favor señalado la de sus íntimos. En todos los casos de preocupación o idea fija el divagar por ajenos cuidados, interesarse más o menos aunque sea superficialmente en las vidas de los otros, mitiga la propia pena y desvanece durante horas enteras las nubes grises de las nerviosas pesadumbres abriendo en el ánima claros alegres de una lucidez que vivifica tanto como sorprende.

En esta ocasión fue cuando más clara y palpable se mostró la apostólica misión de Anita de la Cuesta. La buena señora, dando a su mirar extraordinaria animación, agitando los grises cabellos, por cortos sueltos, de sus temporales, lanzando chispas espumosas a través de sus dientes prolongados y audaces, las hablaba de todo sin detenerse un punto; contábales al por menor los pequeños y diarios incidentes no solo de la casa sino de la villa, enseñábalas el intrincado secreto de nuevas labores, poniendo, en fin, todo su empeño y locuacidad en distraer a sus amigas, cuyas imaginaciones sentía vagar sin atenderla más que a ratos, ni darse cabal cuenta de cuanto oían. Poner un poco de atención, seguir en su charla a la antigua e incoercible viuda les costaba un enorme esfuerzo que ella adivinaba y les agradecía.

Berta disfrutaba, naturalmente, más, se sentía más hondamente complacida las horas que Pacheco les dedicaba, aquellas en que podía oírle y mirarle con sus ojos apagados a fuerza de sufrir, avanzando en actitud de dolorosa serenidad un perfil afinado por la tristeza, al cual la misma idealidad encarnada no hubiese conseguido superar.

Esperábale muchos días impaciente tras los vidrios; conocía su modo de llamar y corría al encuentro de él colgándose de su cuello con infantil apresuramiento, como si en aquel abrazo furtivo y desolado rindiera toda la gravedad abrumadora de amarguras y pesares amasados día tras día en el silencio, en la sombra de su interior pelea y mortales desfallecimientos.

Alvarito poseía el don de animarlas, de conmoverlas hablándolas más directamente al sentimiento; acomodando sin esfuerzo la flexibilidad de su juventud, de su espíritu movible, al alma femenina tierna y versátil, bondadosa otras veces o irritable según las circunstancias.

Una noche en que Adela, mortecida[115] y agobiada se había retirado no pudiendo sufrir los más leves ruidos ni el sencillo siseo de la conversación, quedaron los jóvenes a solas, frente uno a otro, en el diván de la sala, contemplándose y adorándose bajo la mirada boba del general reblandecido. Berta tomó las manos de Álvaro y besándolas con frenesí comenzó su lamentación eterna con esa elocuencia apremiante y natural de las mujeres en las grandes crisis sentimentales. Le hablaba del porvenir, de su vida truncada, del dolor en las formas infinitas que adopta para torturar cuando encuentra sujeto y ocasión apropiados.

Le habló del nuevo ser, cuya vida sentía rebelársele ya, sobre todo a la noche, desplazándose, llamando atentada desde el sagrado seno horas enteras, con palpitación incesante de remordimiento, con blando golpeteo monótono que llegaba a hacérsele intolerable.

Nerviosa e impaciente bajo exterior apacible, sufría infinitamente ante impresiones nuevas, desconocidas para ella y acerca de las cuales no se atrevía a preguntar al sentirlas, describiéndolas luego anhelosa, mal repuesta del temor e inquietudes que la sucesiva percepción de cada una le producía.

Más que miedo a la muerte había en sus preocupaciones falta de paciencia, nerviosidad y fluctuación, incapacidad para afrontar las menudas molestias repetidas, género de heroísmo que no siempre corre parejas con el otro, menos frecuente y por lo mismo más estimado; con el que se opone momentáneamente a los peligros grandes.

Su palabra entrecortada, premiosa, daba idea del desconcierto sentimental que le ahogaba; los ojos llorosos y empequeñecidos gemían triste súplica y todo su cuerpo conmovido extrañamente parecía balbucear también, subrayar con una mímica dolorosa y sin ritmo la forzada salmodia de tristezas. El silencio y sosiego, la noche, el acento dramático de la penosa lamentación despertaron el demonio obscuro que dormía en las entrañas del joven.

Era el raro eretismo del dolor, flor sádica y perversa que abría sus pétalos aterciopelados en la intimidad recatada. Sus soles vivificantes los constituían el sufrimiento y la desgracia; sus aguas de salud el llanto.

Berta se arrojó a los pies de Álvaro implorando; temblaba, se es-

---

115 *Mortecida*: apagada, sin ánimo.

tremecía ante la enormidad del nuevo sacrificio. La vibración mortal acabó por transmitirse a sus miembros; el mismo fuego anómalo la incendió, glorificó su cara con aquella suprema transfiguración de las mujeres que adoran y nuevamente sus voluntades desfalleciendo rodaron juntas hasta el infierno de amor que las solicitaba.

Lo primero que retuvo la atención de Pacheco al elevar los ojos reconocido y adorante fue la mirada, eternamente estúpida del general.

Fue entonces cuando penetró con clara percepción el sarcasmo de ese amor u oficiosidad de las familias, que retrata a sus más ilustres miembros y los coloca en sitios de preferencia tratando de hacerles honor y honrarse a la vez con ellos. En realidad para obligarles a asistir de tanto en tanto desde sus puestos gloriosos a escenas idílicas o bajas entre una descendencia que se disuelve amablemente.

Quería ofrecer a su amada una prueba de adhesión, de perdurable dependencia que conmemorase para lo sucesivo la grandeza de aquella unión sellada nuevamente por los estímulos del demonio obscuro.

Siempre había sentido una resistencia particular a ser y obrar como los demás; una fuerza extraña que le incitaba a rebelarse, a no doblegar su razón, a no respetar cuanto por los demás ordinariamente se respeta y admite, haciéndose superior a todo sin reconocer norma ni fuero exceptuados aquellos que por razones de espontánea y sencilla simpatía se le hacían agradables.

El ridículo, la suspensión, el tormento, cuantos medios emplea de ordinario la sociedad con fines reductores, eran poco para mudar sus puntos de vista. Un espíritu bravo e independiente, fortalecido por los místicos, por los pensadores misántropos, por la principal labor de cuantos se aislaron para ser fuertes, buscando en el alejamiento y en la libertad casi absoluta el manantial más claro de su vida, renacía y se consolidaba en él gritándole cada vez más violento que viviera a su antojo.

Mirando sin embargo a su alrededor y viéndose en un mundo de esclavos, por amor a la joven consintió en lo que consideraba su gran transacción, dictándole la galantería una esclavitud y disponiéndose de acuerdo con ella a sobrellevar el peso de cadenas por él mismo elegidas y por su imaginación acariciadas.

Necesitaba para llevar a buen éxito la idea, el concurso de un perfecto artífice hallándolo al fin tan de su gusto que no dudó en creerlo preparado exclusivamente para él por generaciones anteriores de artistas.[116]

Descubrió en efecto, rondando las calles ensombrecidas del centro, las laberínticas ramificaciones pobladas de tiendas suntuosas o pobres que limita el sector Preciados-San Bernardo y Montera-Hortaleza, el hombre que buscaba. Híbrido de orífice y coleccionista, apasionado, o mejor dicho, maniático de artísticas vejeces, según tradición familiar descendía el tal de antiguos plateros, de maestros franceses que desde los tiempos del rey Dagoberto venían sobresaliendo en su arte.

Durante las guerras napoleónicas la fiebre belicosa extendida como epidemia había decidido la vocación aventurera que incubaba un joven de la artística estirpe, el cual se echó al campo, sediento de gloria y de combates grandes, sufriendo mucho, para guerrear como quería muy poco

Deslumbrado por la resonancia de aquellas batallas formidables en que medían sus armas dos o más imperios, imaginaba que las cosas pasaban siempre del mismo modo; no veía que eso era lo casi inesperado, lo accidental, y la verdadera guerra una continua lucha al menudeo, pelea sorda, constante, que le impacientaba y para la cual no estaba preparado.

La desilusión y el cansancio le acosaron muy oportunamente y dieron con él en manos de una española que supo retenerle, hacerle su marido y borrar poco a poco de su imaginación aquellas fantasías guerreras que tan inútiles le fueran, sustituyéndolas por la prosa burguesa y positiva de la cual es, y probablemente será, perpetuo archivo la mujer.

Al fin el matrimonio vino a establecerse en Madrid donde la española tenía parientes y protectores, poniendo su taller en pleno barrio de Maravillas.

No era pasado un lustro desde la jornada que dio celebridad al Dos de Mayo y la vecindad maleante, dolida y rebelándose al solo nombre de francés dio en molestar y en jugar muy duras bromas al platero.

De nada le servía su arte para imponerse a aquellas gentes del

116   El gesto de hacer componer una artificiosa pieza de joyería para simbolizar el amor hacia Berta revela, sin duda, el carácter de esteta de Álvaro que va a ir desarrollándose cada vez con mayor intensidad en las páginas siguientes.

arroyo, que, calientes aun las cenizas de sus hermanos asesinados, odiaban con todas las fuerzas de su alma y aprovechaban para herir las más agudas arenas del cortesano ingenio. La agudeza y tacto de la mujer, la conducta caritativa de los dos llegaron a impresionar a la jauría que acordó al restallar de las últimas burlas dejarlos definitivamente en paz.

La rama española de la dinastía plateresca había vivido dichosamente, prosperando modesta y sin ambiciones exteriores, recatada en el fondo de su tienda como si los mismos principios de retiro prudente que habían informado los primeros años de pelea siguieran en vigor, o un resto de ellos por lo menos.

El representante que de la familia conoció Pacheco, llamábase Eloy, y llevaba el apellido Lefèvre. Sobre dominar perfectamente su profesión poseía un caudal enorme de nociones artísticas muy bien asimiladas, sostenidas además por el ejercicio constante de las colecciones. Era, en una palabra, no solo diletante sino un conocedor depurado, y con base muy sólida.

A este pues, confió el joven su pensamiento que se reducía a forjar dos alianzas de tanto artificio, originalidad y belleza como posible fuese.

Repasaron a este efecto los dos, objetos y grabados antiguos, colecciones de viejos anillos con piedras inscriptas, excelencias del arte glíptica[117]. Series de ellos que abarcaban desde romanos ejemplares en los cuales hieráticas mayúsculas parecían gritar austeramente el nombre de mujeres que debieron vivir para la belleza y el amor, hasta las sortijas que ligaban los corazones con el poder de sus signos cabalísticos y aquellas otras de los siglos medios, en cuyos arcos de oro se refugiaron almas enamoradas bajo el ritmo de versos tan primitivos como prometedores.

Cualquiera de aquellas estancias amatorias, en antiguo francés o en inglés naciente, hubiera hecho dichosa a Berta, si para ella expresamente hubiesen sido compuestas. Habíala Pacheco habituado a amar con diferentes espíritus; a saber sacar de las palabras empleadas en la antigua galantería todo su contenido de amor ardiente y poético.

La propia lengua era a veces menos expresiva, despertaba resonancias más pobres que las extrañas en las cuales un mundo de lejanos

---

117   *Glíptica*: arte de la grabación, ya sea en piedra o metal.

y afinados sentimientos parecía ocultarse tras el veto de consonantes desiguales y exóticas.

La artística y vigilada labor, requirió tiempo. El metal, como bruto caprichoso e indócil obedecía más a la inteligencia del orífice. Al fin la obra quedó terminada y en el día de antemano fijado Lefèvre presentó a Alvarito dos joyas de mérito.

Eran brazaletes de gran altura y diámetro, propios para cerrarlos sobre el brazo, por encima del codo.

Labrados en oro antiguo, tenían la apariencia y la maciza rudeza de góticas coronas como aún puede apreciárselas en los restos, que ocultos se salvaron, de los tesoros godos.

Adornábanlos grandes piedras ovales colocadas perpendicularmente a las bases, con su significado claro y expresivo según se les asignaba curiosamente cierto tratado de Astrología que se halló entre los papeles de un monje carmelita sentenciado en el siglo XVII por la Inquisición de Toledo.

Pacheco había registrado públicos Archivos en busca de él, sintiendo al encontrarlo la alegría del coleccionador de raros códices, cuando da tras empeñado buscar con el que le interesaba justamente.

La alianza destinada a la joven tenía siete piedras. Las tres eran calcedonias, opalino símbolo de todas las ilusiones y fantasías, alternadas con cuatro amatistas sustentadoras del buen entendimiento, amuleto y defensa contra todas las embriagueces.

Hablaban las primeras de empíreo[118]; de cielos abiertos cuando el alba del día los clarea. Las amatistas templaban y vencían con su nota hierática la demasiada luz del ópalo.

En el lugar que debiera ocupar la cuarta calcedonia se leían estos versos ingleses:

> Now and ever! Thou art mine!
> Alvar! Alvar! Y am thine!
> In thy veins while blood shall roll,
> Y am thine!
> Thou art mine!
> Mine thy body! Mine thy soul!

Cambiado el nombre del amado por el familiar que Berta daba a Pacheco, y descontada alguna otra mutación, el grito lanzado por la

---

118 *Empíreo*: cielo, paraíso.

heroína novelesca de la decimaoctava centuria vibraba enérgico y hondo recordando el vínculo inmortal que ligaba sus almas y su carne para siempre[119].

—¡Eres mío! ¡Soy tuya! En tanto corra sangre por tus venas, soy tuya y eres mío. ¡Mío tu cuerpo! ¡Sola mía tu alma!

El brazalete de Álvaro llevaba gemas semejantes y en el espacio cuarto un berilo admirable, símbolo de triunfo, de invicta fortaleza.

La superficie interior ofrecía grabado el mismo juramento.

> Bertha! Bertha! Thou art mine!
> Bertha! Bertha! Y am thine!
> In thy veins while blood shall roll,
> Thou are mine!
> Y am thine!
> Thine my body! Thine my soul!

Una cadena de la longitud y grueso convenientes para permitir todo movimiento al brazo sin molestar, unía esta alianza a ligera argolla cuyo broche una vez puesta al cuello debía ser soldado.

La operación se hizo, a presencia de Berta, por el mismo Lefèvre encargado de llevar a casa de ella las joyas.

Desnudándose el joven, brazo y busto, cerró el anillo de oro en la base del cuello. El orfebre, de un estuche de mano sacó un soldador minúsculo que puso a calentar sobre una luz de alcohol. Diminuto rascador no mayor que un buril de los que se emplean ordinariamente en el grabado, le sirvió para raspar los bordes que trataba de unir; impregnó un pincelillo en el líquido ácido de un frasco y bañando con él la invisible hendidura aplicóla el soldador, que pendiente llevaba temblorosa gotícula de estaño.

Un ligero rechinamiento se dejó oír, en la base de la nubecilla de vapor que se elevaba.

Berta palideció.

La soldadura estaba hecha; y pulida la superficie, laminillas menudas de purpurina consiguieron disimularla.

La misma operación fue repetida sobre el brazalete. Cuando Álvaro se vio, cautivo al fin, esclavo de su amor, sintió aumentarse y crecer este sin medida, envolviendo a la joven en una mirada radiante y victoriosa que la hizo caer en sus brazos llorando.

---

119   El poema escogido remeda las palabras que la espectral Monja Sangrienta dirige a Raymond en la novela gótica *The Monk* (1796), de Mathew Lewis, en una de las escenas más escalofriantes y siniestras de este género literario. Que los versos inscritos en las joyas que simbolizan el amor entre Álvaro y Berta provengan de esta fuente resulta cuanto menos curioso y desde luego arroja una imagen conflictiva, desgarrada y pasional del erotismo.

VIII

Si hubiese sido en toda ocasión consecuente con algunos de sus principios Álvaro habría dejado todo resto de preocupación durante los meses que siguieron a este suceso, resolviendo de manera definitiva su actitud vacilante con respecto a Berta.

Regulaba en efecto sus modos de comportamiento según el dictado de la mecánica social que solía practicar, siendo deferente o sacrificándose por quien entendía que valía o importaba más que él para la vida de los demás.

Cierto que desde la muerte de Don Zenón había visto la falta de equilibrio acentuarse progresivamente en las dos señoras, quienes a veces le recibían con escenas de lloros, de cuidados infinitos, de apresuramiento injustificado y extravagante, de llorar y reír junto a él las dos; de histerismo en una palabra desatado y loco. Pero por otra parte admiraba en Berta una energía, un fondo de heroísmo y altura de sentimientos que la engrandecían a sus ojos llevándole a considerarla en ocasiones muy por encima de sí mismo. Era la viva encarnación de ese valor femenino, sobrehumano, que asiste con risueña o indiferente apariencia al espectáculo de todos los dolores, a la muerte de todas las ilusiones, al desquiciamiento de cuanto le es caro, sin una queja, sonriendo más bien en el momento mismo en que siente su corazón estrujado por anillos de hierro que se van estrechando.

Pensando de este modo tardaba en explicarse cómo no había rendido ya ante la joven sus postreros escrúpulos.

Habíase habituado a vivir en la inconsciencia con respecto a los demás, llevándola al terreno del amor y penetrando con el descuidado infantilismo de muchos en las cosas más serias de la vida.

Como antes, como siempre, el temor a la deformación, su idea absorbente de no dejar de ser jamás materia proteica en mutación continua, donde ni una sola huella durable puede fijarse le retenían dentro del círculo encantado cuyo límite no encontraba ocasión de franquear.

Tristes sucesos habían además distraído su imaginación y mermado sus fuerzas; la muerte de su padre acaecida en un segundo ataque del mal que padecía, le sorprendió sumiéndole cuando más ajeno a ello se encontraba en la marea de asuntos familiares tan enojosos como difíciles para él, que no los conocía.

Fue entonces cuando aprendió a considerar con la claridad de percepción que siempre había tenido frente cada cosa o estado nuevos, la gravedad de la vida, con toda su pesadez abrumadora hecha de conveniencias ridículas, de pequeñez, de dependencia y esclavitudes al menudeo, que se entretejían en urdimbre indefinida e insoportable.

Los hombres llamaban a esto prosa, materialidades de la vida, no siendo más que ruindad, miseria enorme que le ahogaba como el más horrible de los suplicios.

Incapaz de afrontar por sí y desde luego la avalancha, no hallándose preparado para ella, dejó confiados sus asuntos a Lucientes, yendo a refugiarse dolido y quebrantado en aquel retiro del Norte que había servido a María de los Ángeles para consuelo de melancolías y reposo de su espíritu enfermo.

Álvaro que a nada temía fuera de sí, temblaba ante sí mismo esperando que el veneno de las propias ideas había un día u otro de preparar el terreno en él como en su hermana, a la infección venida sin aviso; a la enfermedad en una cualquiera de sus innúmeras formas. Veía su vida sin objeto, extendida ante él como un camino yerto, interminable y aguardaba con ansia como una salvación la luz que había de guiarlo encaminándole a la verdadera existencia.

Pretextó asuntos urgentísimos y de importancia al despedirse de Berta; empleó cuantos medios hubieron de sugerirle su inteligencia, su disgusto del mundo, su aversión nerviosa a cuanto le rodeaba para consolar e infundir un poco de tranquilidad en aquella flor abatida que desmayaba en sus brazos muriendo de pasión y de pena.

Solo entonces, frente a frente con el alma de ella; en comunión íntima y honda como nunca lo había estado, fue cuando comprendió la enormidad de su falta, la cobardía de su proceder, que le irritaban, sintiéndose él también engañado por una sociedad cuya única ocupación parece limitar se al ofrecimiento de cebos para aprisionar después y desgarrar al individuo con mil garras poderosas.

La aversión se acentuó irremediable y violenta, le dominó en el alejamiento hasta hacerle intolerables las noticias de la amada; aquellas sus líneas afectivas escritas por así decirlo con su sangre y en las cuales cada letra lloraba en hilos mil la elegía del amor ausente.

Juzgando de los demás por lo que en sí misma observa y experimenta, suele engañarse la mujer acerca del interés que inspira y la duración que pueda este tener.

Como de naturaleza afectiva tarda y menos vigorosa, el hombre responde mal a los estímulos puramente sentimentales; necesita sentirlos rodeados de aureolas diferentes, cesando los efectos que en él producen, tan pronto como accidentes exteriores o la misma variedad incongruente de la vida limita o hace desaparecer enteramente a aquellas.

Gástase el amor, para no regenerarse, cuando se le tiene de sobra conocido; es una decadencia real de los sentimientos que hace verdadera la paradójica sentencia de Mme. de Sabran[120]; «el medio más cierto y seguro de resistir a la tentación es entregarse a ella».

Todavía, cuando persisten la presencia y la acción de la mujer inteligente que reserva siempre algo de sí o inventa medios para mantener despierto el interés en torno suyo, un resplandor de las antiguas llamas puede sustituirlas y entretener el ánimo.

Existe en efecto un género particular de inducción amorosa en que se mezclan el sentimiento y el instinto, siendo tal, que nacida en uno de los amantes ante la sencilla presencia o los estímulos del otro, envuelve prontamente a los dos y los domina, creciendo por momentos en lugar de amenguar.

Mas cuando todo falta, cuando las luces más claras de la pasión se desvanecen y un fondo de fatiga, de agobiador o irremediable pesimismo corroe con sus hieles los últimos lazos sustentadores de una afección, el vado se abre, enorme y vertiginoso, voraz como el abismo, acorchando y entumeciendo las potencias una apatía mortal mil veces más penosa que la excitación, aun llegada al furor.

Álvaro había venido a parar a ese estado de espíritu en que todo

120 Françoise Eleónore Dejean de Manville, condesa de Sabran (1749-1827) fue una aristócrata francesa conocida, sobre todo, por la correspondencia que mantuvo con el caballero de Boufflers —con quien finalmente contraería matrimonio— mientras este permanecía en Senegal. Como muchas damas de la época, Madame de Sabran fue asidua de los salones, auténticos cenáculos intelectuales y galantes en los que se desarrollaba el arte de la palabra y el ingenio. Curiosamente, la frase que se le atribuye es conocida por aparecer en la novela *The Portrait of Dorian Gray* (1890) de Oscar Wilde (1854-1900).

cansa o molesta y nada interesa, discurriendo sus horas en lenta y sorda agonía que llegaba algunas veces hasta ahogarle.

El viejo jardín cobijador amable de un alma antigua y mística que desde los rincones parecía mirar sollozando; la umbría canora del valle, la solicitud apurada de los colonos, la misma rústica quietud de la casa cuyas ventanas parecían hablar al paisaje, derramando los tiestos de la terraza cortinas difusas de verdes y moradas tradescancias[121] perdían todo valor a sus ojos desvaneciéndose en la niebla gris y soñolienta que sentía absorberle.

Una pesadumbre interior, grave, agostadora, le torturaba obligándole con frecuencia a gritar, turbando sus noches sombras terríficas que se dilataban haciéndole dentellear de pavor.

Volvían para él también las odiosas larvas, los espectros morosos, lamentación callada y fatídica de nervios que se quejan; de sangres viejas y empobrecidas; fluyente maldición que corre sin fuerza por el interior de vasos seniles, mineralizados.

Consideraba totalmente perdido el gusto por la caza como por toda forma de actividad, no hallando en sí energía sino para errar pensativo, para disecar con voluptuosidad creciente sus estados interiores que analizaba, dividía y subdividía sin fin.

La psicología que nace de la observación exterior, refrendada con las deducciones que resultan del propio examen es fecunda y provechosa.

La que el hombre se crea cuando limita la observación a sí mismo, marida pronto con la extravagancia, aísla al hombre, le mantiene en perpetuo secuestro dentro de sí, desvaneciéndole, extraviándole por las ramificaciones inacabables de una metafísica maniática y sutil.

El hilo de araña partido en dos, luego en cuatro, en ocho después, hasta adquirir la razón acuidad suficiente para partir el filo de la nada.

Si alguna justificación o excusa tienen las hipocresías innumerables, la carga enojosa de minucias, equilibrios, satisfacciones ofrendadas al ajeno amor propio que la vida entre gentes obliga a practicar, es sin duda el gran bien que ésta hace, renovando las almas, evitando que el mundo se convierta en un gran manicomio cruzado en todos sentidos por locos sueltos que desvarían gesticulando.

El propio impulso, disecado y vigoroso es bello; necesita no obstante ir acompañado del genio para no degenerar o hacerse inamable.

---

121   *Tradescancia*: planta de origen americano introducida en Europa desde el siglo XVII como planta ornamental.

Desde niño había manifestado la misma inclinación a las ideas sombrías, al aislamiento, gastándose pronto en una multiplicación de emociones sin cuento y en una impresionabilidad anormal el depósito de fuerza que aportaba a cada empresa, a cada situación de la vida.

Esta movilidad interior, la continua alarma de sus nervios que anticipaban o esperaban tendidos los más sencillos sucesos, habíanle ocasionado mucho daño en la vida, inhabilitándole para marchar con los demás, avanzando solo por una línea paralela.

Tenía la suficiente confianza en sí y en sus ideas para creer por el momento bueno cuanto hacía y hallar en ello la fuente de la propia complacencia oponiéndolo a la vida o actividad de los otros sin experimentar el disgusto y descontento terrible de los que se ven frustrados o inferiores.

Así y todo, la miseria de su existencia inquieta, penante, la presión que sobre su espíritu sentía, de un algo indefinible, el tiempo, que pasaba deprimiendo con el roce suave de sus alas etéreas, le atormentaban sin dejarle lugar de reposo.

Ensayó medios varios para alejar de sí aquella fatalidad, la pirámide de bronce que le sofocaba sin permitirle movimiento ninguno...

Todo fue inútil. La muerte le veía hacer, le observaba desde dentro, tendía su mano hasta el cerebro enfermo y borraba en él inexorable, las decisiones de relevamiento, los intentos más leves apenas aparecidos.

Ni un recuerdo tenía para la víctima que lejos de él lloraba agonizando el extravío de una pasión sincera.

Sus cartas a Berta, afectuosas primero, luego tibias y al fin indiferentes habían acabado por herirla como aristas de hielo.

La hembra altanera que en ella dormía, revolvíase con fiereza contra la limosna de amor que se le daba, cambio de una abnegación sin medida.

Al principio creyó el mejor partido transigir pensando lastimada que algún rayo de luz, un destello de divina afección desvanecería al fin aquella injusta dureza. Se había entregado con tanto fervor a modificar ella también el natural inconstante del joven, las desigualdades y extrañezas de su conducta, que le costaba trabajo convencerse del ningún terreno ganado tras tanto tiempo de labor. Ignoraba que la educación más severa y apurada, el más vigilante cuidado sostenido durante el tiempo que se quiera, podrán entretener y disimular hipócritamente una inclinación o un carácter, pero jamás cambiarlos o sustituirlos por el que se desea.

Su paciencia por fin se agotó, dejó de escribir y suplicar a quien tan mal correspondía y rasgó una tras otra sin abrirlas las últimas epístolas que del rincón aragonés llegaron para ella. Distanciados, uno y otro habían dejado de amarse; Álvaro con indiferencia; la joven devorando ráfagas de un odio feroz que se resolvía a veces en lágrimas y en horas de desolación infinita, en las cuales creía morir, y aun lo deseaba ardientemente.

Su situación por otra parte, se complicaba según transcurría el tiempo. Pasaba las noches en claro, torturada tanto por los dolores morales, como por otros tísicos, urentes[122], que le quemaban estómago y garganta. Durante el día experimentaba también de tanto en tanto achaques semejantes y mareos horribles, poniéndole a riesgo de desplomarse. La vista entonces se le nublaba, invadíala un gran frío, sensaciones glaciales como jamás las conociera y en medio de una angustia de muerte se apoyaba en la pared o en el mueble más próximo para no caer.

Varias veces pensó en matarse, en renunciar a la vida que tan cara le costaba. La flor violada de Heine[123] la invitaba también. Una falta o un exceso de valor –¿qué sabía ella?– la salvaron.

Sufría horriblemente, tanto más, cuanto más hacía por disimularlo y ocultar su yerro. Con frecuencia, al ver a Adela junto a sí leyendo entretenida sus libros de devoción bajo la lámpara de pantalla rosa que a las dos cobijaba sentía deseos de interrumpirla, de echarse a sus pies y confesarla todo.

¿Por qué no hacerlo? La tentación era a veces vivísima; poníala casi enferma. Consideraba que luego su descanso sería enorme y la desgracia más llevadera soportada por dos.

El temor a turbar aquella relativa tranquilidad que observaba en su madre después de tantas luchas, la retenía.

Sus ojos vagaban, se perdían en un mirar inatento que la menor sombra o relieve cautivaban; veíasela otras veces llorar sin mueca

---

122   *Urente*: abrasador, que escuece.
123   Heinrich Heine (1787-1856) es uno de los poetas románticos alemanes más destacados. En sus obras es relevante la utilización de la analogía mujer-flor, de modo que la flor deviene símbolo del atractivo sexual y al mismo tiempo de la pureza virginal de la mujer. Esta metáfora se amplificará (y retorcerá) a lo largo del siglo XIX dando lugar a la imagen de la *femme-fleur* pero también, conforme avancen las décadas, a la imagen de la mujer como flor venenosa y fatal.

como las jóvenes dolorosas de la moderna pintura septentrional, cuando abatidas las cabezas, conservando aún entre sus manos el libro que ha removido hasta el fondo la tristeza de sus almas, perecen con serenas apariencias junto al marco de acristalada ventana.

Cierta noche, en la cual, vencida al fin, hubo de sollozar, Adela sorprendida alzó los ojos interrogándola.

El dolor había comunicado al semblante de la madre una quietud sagrada que inducía a la veneración.

Berta, rebosante, se arrojó en sus brazos comunicando directamente con ella por intermedio del corazón, que tiene su lenguaje particular, muy claro entre mujeres, sobre todo cuando por tan estrechos lazos se encuentran ligadas.

No acertaba la buena señora a explicarse aquella inesperada emoción de la joven. Corría su imaginación tan alejada de lo real, que era preciso imponérselo a la fuerza para que despertara en ella algún interés.

Puesta en pie, se aproximó a la lámpara, atrajo hacia sí la cabeza adorable de Berta y escudriñando aquel semblante que había venido a ser la luz de su existencia, trató de leer en él una explicación del enigma.

Poco a poco sus ideas fueron aclarándose, su mirada fue levantando velos y al fijarse en el perfil afilado, en la palidez y alargamiento especial de la cara, en el ligero y característico relieve que marcaban las venas azuleando bajo la piel de las manos, en la curva, por fin, imperfectamente disimulada del regazo, sintió la fulguración de la verdad hiriéndola implacable en lo más vivo del alma.

Como si una mano invisible le hubiese descargado repentino golpe en la nuca, vaciló, dio una vuelta en redondo, quedando a continuación suspensa, fijos los ojos en la hija de la culpa, que por fatalidad inexorable perpetuaba la falta para desgracia común y de por vida.

Sin hablar la recriminó; sin una sola contracción de su rostro acumuló sobre ella los años de abnegación, la total suma de inquietudes y penosas horas que su dedición apurada le había costado, echándola al rostro tal cargo de desagradecimiento, que Berta, incapaz de sobrellevarlo y afrontar la situación que la creaba, huyó encerrándose para llorar y ofrecerse anhelante en la soledad justificaciones y excusas de su yerro.

Las grandes crisis, los golpes de la desgracia parecen llevar en sí algo dinámico, el germen de próximas actividades que se revelan tan pronto como el marasmo producido por el choque moral se va desvaneciendo.

Adela pasó la noche en un estado de mental excitación desconocido para ella hasta entonces: recordaba las etapas diferentes de su existencia, los acontecimientos que habían determinado cambios radicales en su manera de conducirse frente al mundo y se detenía con ternura apasionada en la solicitud y cuidado puestos al servicio de aquella criatura cuyas primeras sonrisas habían sido el alba templadora de tanta agonía anterior; el sostén entrevisto y suspirado para la quietud, para la vida siguiente, de ansiada apacibilidad y relevamiento.

Analizaba sus luchas, su vigilante atención encaminadas desde el principio a la formación de un alma pura y complacíase llorando en la memoria de las fechas que como a tal se la recordaban.

Su imaginación hacíala retroceder a los años aquellos, en los cuales, periódica y a veces furtivamente dirigía sus pasos hacia la casa de educación donde Berta escuchaba las lecciones que debían disponerla para la vida, gustando representarse de nuevo el exterior conventual y silencioso del colegio, la animación, el bullicio en la huerta y patios interiores donde las educandas reían, corrían como locas y pisaban inconscientes las hojas de eterno verdor de las pervincas[124], emblema de las afecciones primeras, fáciles de nacer, mal sentidas en sus comienzos, casi imposibles de desarraigar después, eterno y poetizado sujeto de las nostalgias por venir.

Entre aquellas voces vibrantes, agudas algunas como estilos de acero Adela reconocía la de su hija, muriendo de íntima satisfacción cuando veía a esta destacarse del grupo, llegar corriendo y rodearla el cuello con los brazos.

Los labios adamascados de la niña sabían a juventud, a vida naciente; oreaban con frescas y risueñas brisas el agostado espíritu de la madre que se enervaba besándola, aspirando espasmodizada el latir del pequeño seno alentador y palpitante.

Las voces seguían atenuadas por la distancia, o bravías con la proximidad; los grupos de niñas, alternativamente recogidos y dilatados se arremolinaban para acabar posándose como bando de pájaros gorjeadores y bulliciosos.

---

124 *Pervinca*: planta de flores azules, que se cultiva en los jardines y que es conocida comúnmente como «alegría de la casa».

Encuadraban las abiertas y expresivas caras, marcos de sueltos cabellos; blanqueaban las gargantas, los brazos de suave y extremada curva como marfiles nuevos y el riente conjunto de jóvenes carnes, los gritos, actitudes y ademanes libérrimos refrescaban el aire, lo aromaban, volviéndolo más suave, más etéreo.

Por ley de un contraste tan natural como frecuente, Adela se detenía con preferencia en estas y otras escenas que había visto desarrollarse en torno a una vida pura recordando la dolorosa voluptuosidad que algunas le habían inspirado; el acento mortal con que la hirieron.

Aún latía dentro de ella la memoria del día en que el cortejo de jóvenes educandas, vestidas de blanco, desvanecidas sus figuras por velos de opalina gasa, desfilaban ante el ara de la capilla recibiendo de manos ungidas, consagradas, el místico cuerpo que había de darles la ventura, la paz interior y la alegría del alma.

Veíalas marchar, silenciosas, humildes, coronadas de rosas, como vírgenes ofrendadas en sacrificio al poder sobrenatural, al Rey grande y pacífico rodeado de gloria, que se complacía dándose a ellas, colmándolas de dones.

Una radiación vivísima de hoguera, partía del altar donde humeaban los cirios y centelleaban gemas y dorados.

Los cantos místicos sonaban a lamento, a voz humilde empequeñecida ante lo eterno.

Las vírgenes llegaban a los pies del ungido, miraban con ojos ávidos humildosos y bebían en éxtasis de la fuente espiritual, toda gracia, poesía y grandeza. Volvían luego a sus reclinatorios, recogidas, semi-conscientes algunas, asombradas otras hasta ocultar su cara entre las manos.

Cantaba por fin el órgano su canción de triunfo coreada gravemente por las altas campanas y los corazones exultados temblaban estremeciéndose, llorando lágrimas hondas del fondo mismo de la substancia emanadas.

¿Cómo no padecer ante el brutal contraste, cómo no caer en rebelión cuando el alma le gritaba aturdida desde dentro?

A la manera que la bestia herida se revuelca, encendidos los ojos, bramando de impotente coraje hasta humillar, así el ánimo bravo que en ella dormía, a despecho de tan repetidos golpes despertaba y revolviéndose soberbio tras el encanto del recuerdo atormentábala con ardor insufrible.

Una reverberación de las luces de fuera le parecía reflejo vivo del incendio interior. Llegaba hasta sus sentidos, turbándolos, unida a siseo lejano, alto, hirviente y continuo como protesta de carnes en la hoguera.

Cuando el sentimiento de la realidad se fue imponiendo a aquella confusión vio claramente que la falta encubierta hasta entonces iba a comprometer el crédito de las dos.

La costumbre de ofrecerse como víctima hubiera borrado en su imaginación, apenas nacida, cualquiera idea de represalias o reivindicación de derechos. Dióse a considerar la necesidad apremiante de encontrar solución al conflicto, desorientando la ajena curiosidad y velando rigurosamente cuanto con el suceso tuviera en adelante relación.

De sus conversaciones con Ana de la Cuesta, recordaba, haberla oído explicar la existencia y funcionamiento de una particular institución, puerto seguro en malandanzas del género que la preocupaba, con residencia en la corte, donde tenía casa y vida propias.

Por lo que hacía referencia a tal casa, la crónica impresionable y callejera contaba mil historias que habían dejado recuerdo muy decidido en la imaginación de la viuda.

Era lógico, pues se hablaba de misteriosas y antiguas comunicaciones con el edificio de la Inquisición, subterráneos donde yacían tesoros escondidos, criminales enterramientos de niños, novelerías entre celadores, rectoras, consiliarios[125] y reclusas, mazmorras por fin donde las víctimas gemían expiando su amor a la virtud.

El eterno asunto de muchas fantasías nacionales, donde alternan las cuevas, galerías comunicantes, féretros, tesoros y monjes depravados.[126]

Anita encontraba en cada uno de estos temas, materia sobrada para llenar un año entero de su vida parlante. Manifestábase en ella una tendencia irrefrenable a la inventiva; a fantasear también sobre los castillos de los demás.

Recordaba Adela todo esto, la situación y señales de la casa y un número regular de hechos verídicos, en los cuales tuvieron cumpli-

---

125 *Consiliario*: persona con autoridad para aconsejar y tomar decisiones.

126 De nuevo es oportuno remitir a la novela *El monje* (1796) cuyos elementos temáticos parecen resumirse en estas líneas.

miento los fines admirables de la institución; y como además cierto sentimiento de curiosidad la estimulaba desde el día mismo que escuchó tales hablas, decidió, para ver y juzgar y quizá concluir en favor de su asunto alguna cosa, conocer por sí misma el lugar de las fábulas personándose en él cuanto antes.

Esperó con impaciencia que el día clarease. Sentía el desfilar de los segundos, la enorme cantidad de tiempo que para encanecer y morir encierra cada uno.

Cuando el alba penetró cautelosa, blanqueando la estancia, despertando reflejos vigilantes en lunas y bruñidos, saltó Adela del lecho, corrió a su tocador y desfigurando con el retoque sus facciones, creyó poder pasar fuera de casa tan inadvertida como quería. Una falda antigua, el cuerpo de un vestido olvidado y un manto algo tupido completaron la emprendida obra de disimulo.

Se deslizó sin ruido hasta la escalera, atravesó emocionada el desierto portal y cuando cerrado el postigo vióse por fin en franquía, un soplo de esperanza la hizo feliz.

Inmediatamente nuevos temores vinieron a asaltarla. La gravedad del suceso por remediar se le impuso.

En los árboles de la huerta frontera, centenas de pájaros tempraneros saludaban al día con bullicioso gorjear incoercible.

Saltaban y se apelotonaban, se elevaban o caían, en vuelos cortos, atropellando ramillas, con alboroto y mengua de la fronda. Raudales de notas hirvientes, regocijadas, brotaban de allá como una ofrenda alegre, con que la Naturaleza se festejaba a sí propia.

Parecía tierno cantar de gracias, de bienvenida a la vida.

Adela al escucharlo sintió violento impulso de llorar y ocultarse.

Busco un poco de calma, de paz bienhechora en las iglesias que halló a su paso abiertas; detuvo luego a un simón y acortó distancias en coche.

Las calles semidesiertas dormían musitando plegarias de éxtasis y de espera paciente.

Cuando consideró próximo el objeto de su visita, reemprendió a pie su camino por calles mal conocidas y extraviadas, presa además de la mayor zozobra que tal vez en su apurada vida había sentido.

Antiguos edificios de amarillento y decadente aspecto sonreían al aire copiando la mueca vulgar de caras caducas, desdentadas. Algún árbol aislado vertía por encima de tapias que el verdín y la humedad ponían viscosas, su fronda polvorienta.

Percibíanse el aura mohosa de las viejas viviendas, el acre aliento de las basuras fermentadas.

Adela sentía oprimírsele el corazón según iba adelantando por las vías angostas. El bullicio e hirviente vocingleo de un mercado próximo bastaban apenas para distraerla de sí misma; al fin sus ojos hubieron de fijarse en un caserón hierático, sin balcones, cubiertas por apretadas celosías las escasas ventanas.

Una enjalbegadura[127] rojiza servía de fondo general en la fachada, donde las jambas y dinteles de los huecos señalábanse con un tono gris, borrado casi.

El tiempo había pasado por aquel exterior sencillo, sin molduras, desconchándolo, quitando vigor a los colores que comenzaban a fundirse en uno general muy degradado.

Las arañas habían unido con telas empolvadas algunos de los ángulos ventaneros y al pie del edificio, hacia la izquierda del curioso una copiosa inscripción detallaba con sus negras y delgadas letras el nombre de la Hermandad, y el sitio o buzón donde habían de ser depositados los suplicatorios en demanda de aquellos auxilios a los cuales los fines de la institución se referían.

Comprendiendo Adela por las señales transcritas ser aquella la casa que buscaba, disimulándose, venciendo su emoción se aproximó a la única puerta, grande, basta y como de accesoria que en ella había.

Al llamar, una campana cantó dentro triunfante; su sonido era claro y dulce como la voz de un niño. La cadenilla quedó oscilando, chocando una y otra vez contra la puerta.

Aquellos golpes suaves, isócronos[128], despertaron en Adela la idea de un péndulo eterno e insinuante que muchas veces había imaginado marcando los segundos de su vida. Un escalofrío de terror la sacudió.

Lo primero que Adela hubo de percibir al entrar, fue un cartelillo con indicaciones impresas, que en la pared izquierda del portal negreaba.

Después examinó con la mirada, de alto abajo, la figura del portero, buen hombre encanecido, meticuloso, con cara afeitada y ex-

---

127 *Enjalbegadura*: resultado de blanquear una pared con cal o yeso.
128 *Isócrono*: rítmico y de idéntica duración.

presión aguileña, dulzona, quien extrañando la temprana visita se ofreció, mientras la dejaba en lugar cómodo, para informar al celador que más próximo vivía.

Llegaron al recibimiento después de subir una escalera de caja prismática y pasamanos mal labrado en vieja madera. Las paredes hallábanse entenebrecidas por un papel mugriento; en los descansos sucesivos varias puertas se abrían dando acceso a la capilla y a estancias diferentes. Dominando el hueco, un farol, olvidado monumento de grasientos cristales enviaba todavía su luz, a intervalos brillante.

Al encontrarse sola, Adela paseó la mirada por el cuartito blanqueado y conventual. Tres muebles, de los cuales dos eran arcones, por el escudo de la Hermandad blasonados, y una mesa el tercero, componían su principal adorno. La ventana verdeaba con ramaje de un huerto o patio interior penetrando a través de ella los cantos alegres de algunas recoletas voluntariamente empleadas en la limpieza.

Había en la casa una mengua de luz, un sobrecargo de antigüedad y un ambiente interior mohoso y húmedo que despertaron en Adela sospechas vehementes de que aquello debía de ser muy inferior a lo que deseaba para Berta.

El celador llegó por fin taconeando, hundiendo con pesados pies los peldaños que crujían. Vestía traje talar[129], y al considerar su cara porosa, abultada y caída, la mano gruesa y velluda que llevó al sombrero al descubrirse y saludar, la atribulada señora comprendió no haber en modo alguno ya razón para que su temor y cortedad subsistieran, recobrando al fin los perdidos espíritus y logrando el dominio casi completo de sí, frente a aquel buen sacerdote, más joven que viejo, formado casi exclusivamente por una disciplina moral recibida a tiempos y no por la social donde tantas artes extremadas hallan, su compendio y más provechosa manifestación.

El celador se expresaba con grave reposo llevando frecuentemente el pañuelo a los labios y dando a sus palabras una unción y suavidad artificiales que le hacían perder la facultad de interesar y muy especialmente de conmover.

Contrastaban con ellos los de Adela quien deseando terminar y salir pronto de dudas comenzó su relación, solo fingida en aquellos detalles que a la protagonista se referían y pudieran determinarla.

---

129 *Talar*: que llega hasta los talones.

Como buena meridional explicábase con gestos muy abiertos y expresivos, comunicando a la dicción aquel calor propio suyo y esa elocuencia natural, coloreada, que una mayor viveza de sus interiores representaciones determina comúnmente en la mujer.

El personaje de los poros ostentosos escuchábala paloteando con los dedos sobre la mesa, en una actitud abandonada, de inatento que se cree elevado sobre toda noción de conveniencia.

Ya había cesado de hablar la visitante y continuaba mirándola, tratando de descubrir en sus ojos la exactitud del caso que explicaba.

Conocía aquel temor oculto, la ansiedad, el espíritu del drama que veía cabrillear en el fondo de toda relación, por sencilla que fuese. La costumbre de recibir confesiones medio veladas, tal como la mujer suele hacerlas, disimulando siempre algo, no dándose a conocer enteramente jamás, había afinado en él ese especial sentido de la penetración; de intuir mucho y al punto, con frecuencia lo que no existía.

Era su debilidad; bajo la máscara vulgar latía una imaginación constructora y galopante.

El mecanismo próximo de un reloj, batía segundos imperturbable, haciendo más sensible la calma de aquel rincón templado, donde el tono severo de los muebles envejecidos, con firmes y gruesas líneas, parecía dictar máximas morales desde la pared amarillenta.

Hubo un momento en el cual Adela sintió la envidia punzante de aquella quietud. Siempre en medio de grandes crisis, el destino, como para mortificarla con un nuevo dolor, le había hecho ver y comparar dichas tranquilas, el gran bien de la paz, concedido sin reserva a familias o individuos que llegaban por este solo hecho a hacérsele insoportables. Sentirse juguete de una fatalidad contra la cual nada podía, la irritaba.

Una voz, clara y atrevida, cantó en los altos de la casa canciones frescas, callejeras, arrancadas a la propia alma del pueblo por artistas que supieron fielmente interpretarla.

Conocíase su procedencia arroyera en el ritmo irregular y movido, en la claridad vibrante de sus notas, como gorjeo libre y suelto, lleno de arranques, de virilidad escondida, que recordaba la naturaleza.

Aquella voz alegraba los sentidos: tenía un sabor a felicidad sin torturas que hacía soñar.

Inconscientemente intimaba, sonreía con ella la pobre señora, oíala de preferencia y sobre todo cuanto el celador porfiaba en decirle, no obstante interesarla tanto.

Al fin, a puro esfuerzo por atenderle, se dio cuenta perfecta del objeto de la institución y la clase de recoletas[130] para quienes estaba más especialmente fundado.

Comprendió que llevar allí a su hija era rebajarla, condenarla a reclusión absoluta por la sola ventaja del secreto que muy probablemente podría conseguirse en otra parte.

La jaula era inferior a su presunta inquilina.

Con el alma llena de nuevas tribulaciones disimuló reforzando los velos sobre el objeto que allí la llevara, y volvió tras desandar lo andado a la confusión de sus preocupaciones apremiantes.

Bullía el Madrid de sus penas con animación creciente y decidida, con la multitud de sus caras alegres, con el marchar descuidado y movido de gentes que van sabiendo qué cosas sean libertad, naturalidad y despreocupación por las alegrías del prójimo.

Tanta sonrisa prodigada, tanta dicha indiferente hacían daño.

Al entrar de nuevo en su casa llevaba el firme propósito de alejar a Berta de tal medio, de huirlo para siempre y renovar en cualquier ciudad o quinta alejada la historia triste de sus dolorosas aventuras.

Fue cuestión de poco. Tomadas las últimas disposiciones y pretextando intereses de otro género, cierto día desaparecieron las dos, con dirección, según quisieron significar, a la antigua villa de donde eran originarias.

Corría el tren que las llevaba, por extensiones desoladas, por la terrible estepa castellana, trasunto de aridez, dilatada sucesión de tierras rojizas con su cortejo de cerros bajos, eslabonados, avanzando las horizontales mesetas, como trapecios en serie indefinida.

El campo aquel sabía también a tristeza, parecía emanarla en ondas transparentes que lo envolvían todo. Por las solemnes tierras decalvadas hombres retardones arrastraban con lentitud sus cuerpos encorvados por el cansancio secular de la raza, hundían instrumentos de acero que brillaban al sol como estrellas del páramo, fugaces.

Un aliento de vidas encadenadas, de existencias consumidas por la tierra parecía brotar de los rojizos terrones dorando las caras de

---

130 *Recoleta*: persona que vive modestamente y en retiro. En este caso se refiere a las muchachas recogidas en la institución.

aquellos graves campesinos, resecando sus carnes, blanqueando sus temporales, encendiendo fiebre de fatiga y descontento mortal en sus almas de hierro, laminadas y retorcidas por el tormento diario, de cada minuto.

En la nerviación blanca de las tendidas carreteras, cordones cortos formados por bestias de labor camino de la tarea cotidiana, carretas morosas tiradas por pacíficos bueyes avanzaban con lentitud semejantes a larvas que movieran sobre plata polvorienta el trazo en ondas de sus rugosos cuerpos.

El hombre que las guiaba volvíase de tanto en tanto, extendía su larga vara apoyada en el hombro como una enseña, hostigaba a los tardos animales que respondían con un esfuerzo, rebelándose, alzando sus cuellos torturados por el yugo; y continuaban la misma marcha lenta, los mismos densos movimientos sin brío ni vigor.

Allí también se sufría: allí el dolor, el tormento, la ansiedad retoñaban quizá disimulados, sorbidos por el marco de la naturaleza árida.

Berta perecía, sentíase alcanzada por aquella sequedad vibrante que se le representaba imagen de cuantas influencias habían actuado en su vida; pensaba en el retiro que a muchas leguas de allí las esperaba perdido en la fronda guipuzcoana, animado por el rápido y rumoroso correr de las aguas, que cierto entre río y torrente a corta distancia de la casa rústica cursaba.

Era aquella una posesión, que el viejo general había recibido como regalo, a cambio de una empresa en que expuso la vida.

Hacía tiempo que no la visitaban.

Años enteros bajo el dosel de seculares hayas, las sencillas habitaciones habían devorado en la obscuridad penas de olvido, protegiendo robles caducos desde los altos, la espesa frondosidad del valle.

Berta recordaba como en sueños, paseos por aquellos sitios, sus excursiones a la umbría donde entre rocas musgosas, el pie de manantiales helados inclinaban silvestres y delicadas flores sus corolas prodigios, semejantes a cromados insectos. Alfombraban de celeste y blanco las campánulas viscosos ribazos y moscas irisadas bordoneaban[131] al sol luciendo entre los claros como destellos animados.

Tenían para ella aquellas remembranzas un color suave, que la

---

131   *Bordonear*: pulsar el bordón de la guitarra. Aquí hace alusión al zumbido de las moscas por analogía con el sonido del bordón.

mecía el alma, haciéndola como en transporte soñar con idealidades pasadas.

Una función, o mejor una consecuencia del dolor es despertar, mantener activas y fluidoras en el corazón las puras fuentes del idealismo dorado.

Madre e hija podían aislarse en el escondido refugio a medida de sus deseos.

Separada la casa de las construcciones ocupadas por los arrendadores podía hacerse en ella una vida independiente y disimular bajo templada penumbra el misterio de amor cuyo desenlace se aproximaba.

Una buena mujer, salvada allá en su juventud de yerro parecido y fiel a sus protectores cuyo recuerdo cultivaba como una religión había sido llamada por Adela para que atendiese al cuidado de las dos.

Temía más que nunca a las gentes y proponíase no tener a su lado otras personas que las absolutamente indispensables.

Clara le bastaba para desenvolverse en los menudos empeños domésticos mientras llegaba el esperado día de la liberación.

Trompeaba la callada sirvienta con los cincuenta; era baja, dispuesta y nada perezosa, ocultando tras la pantalla de una serenidad superior, años terribles de lucha y expiación en la soledad. Unida a las dos señoras como la yedra a su sostén y bien aleccionada por la disciplina de su propia historia venía a resultar única en aquella ocasión como compartiera de desgracia.

Entendiéndolo de este modo, Berta gustaba de verla junto a sí para distraer sus pesadumbres.

Salía esta poco y solo al anochecer, vagando bajo la tenue claridad por senderos que semejantes a tendidos vapores, entre manchones de arbustos y hierba baja se prolongaban pródigos en vida, en estridores[132] armonizados, en la palpitación de un mundo de pequeños que custodiando sus agujeros vibraban satisfechos élitros chirriantes.

La densa cortina del arbolado ennegrecía el monte, festoneaba en los altos fajas de un cielo ceniciento donde grandes luceros como faros de eternidad brillaban con fijeza que penetraba a la joven hasta el alma. Era el aura de remordimiento emanada para ella de todo lo inmóvil, de cuanto con su quietud parecía mirarla e interrogarla.

---

132 *Estridor*: sonido agudo y desagradable.

Más tarde el cielo se vestía de polvo bullidor atravesado por ramas argentadas en fulguración y desde el perfil valiente de los montes columnas de un humo tardo, elevaban su densa imprecación dubitante, suspendida en el aire, repelida por fin hasta lo hondo.

De tanto en tanto las llamas de lejanas fogatas daban indicios de la gente que allí vivía carboneando. Brillaban graves, misteriosas, con inquietante actividad interior como pupilas de infierno.

Durante el día solía pasar su tiempo leyendo o distraída con alguna labor en la planta baja del edificio.

Horas y horas inacabables durante las cuales el recuerdo de Álvaro la atormentaba con una crueldad que le hacía derramar lágrimas.

Nada había querido indicarle de aquel viaje; era por lo tanto seguro que ignoraba el lugar en que se hallaban y nadie entre sus conocidos de la corte hubiera podido indicárselo.

Una remota esperanza la hacía no obstante pensar en la posible recepción de una carta o en la aparición imprevista del joven, quien conociendo aquel sitio por anteriores referencias pudiera tal vez milagrosamente intuir que les servía a la sazón de refugio.

Eran imaginaciones difíciles de vencer, delirios escapados como ráfagas a la severa censura que espontáneamente había impuesto a todas sus cosas. El amor no apagado brotaba todavía, salíale impaciente a flor de alma, para eterna tortura y sufrimiento.

Sencillas palabras de las conversaciones que habitualmente escuchaba, pasajes y páginas enteras de los libros que acostumbraba leer, estados y apariencias del tiempo, todo, todo le hablaba de un modo claro, le parecía dicho, escrito y preparado para ella o se constituía en estímulo de su recuerdo; hasta las novedades del paisaje extraño, donde un color, una disposición, la actitud de una figura evocaban en ella imágenes o se asociaban de improviso al recuerdo de estados por los que pasara su amor.

Algún reposo hallaba sin embargo en espectáculos afables de la Naturaleza y era sobre todo a la mañana; cuando el sol difundía su dorado vino en oleadas reforzando los tonos, haciendo dilatarse con vital espasmo la belleza circundante.

Parejas de minúsculas vacas degeneradas por el trabajo excesivo, animaban los caminos arrastrando carretas de juguete. Conocíales la mansedumbre piadosa solo desvirtuada por algún nervioso movimiento; el sosegado avanzar de tortugas, aquel mirar dulce e ingenuo de sus ojos grandones.

Mujeres vistiendo rojas basquiñas[133] las acariciaban llegadas al término de su viaje y los colores distintos ofrecían contrastes llamativos sobre el verde de las laderas o deflagrando lejos entre las mieses agostadas.

En aquellos momentos sentía Berta la caricia de la gran divinidad, deseaba anegarse en ella, fundir su espíritu dolorido con el alma solemne que le guardaba bondades y nostalgias de madre, rudezas otras veces; la misma que en el seno de ella continuaba su obra, estremeciéndola, teniéndola en sobresalto continuo, afligiéndola con dolores atroces, muy largos, sostenidos como una pena en el fondo de las entrañas.

Varias veces su inexperiencia y debilidad le hicieron creer que el momento era llegado. Lo deseaba tanto como lo temía. El plazo sin embargo no estaba cumplido y las crisis pasaban como sencillos anuncios, quebrantándola, dejando en su ánimo una laxitud y un terror crecientes que en vano Adela trataba de desvanecer. Para calmarse llegaba hasta el piano y abierta la ventana, ante el cielo, consolaba su desolación en acordes nostálgicos, significativos, que refrescaban.

Las notas se perdían lejos, intimando con la obscuridad exterior, filtrando a través del follaje la emoción de que eran portadoras; evocando los ecos quejumbrosos que desde cada rincón reproducían como en sueños su armonía semidesvanecida y declinante.

Berta se los imaginaba como tanda de fieles autómatas, que clavados en sus asientos respondieran gesticulando, o como locos de mirada perdida, galvanizados un instante y vueltos luego a una inmovilidad de muerte en actitudes interrogadoras que la hacían temblar.

Respondiendo a sus imaginaciones, los ramos avanzados de un plátano decíanla que sí, afirmaban todas sus fantasías moviéndose de alto abajo, mirándola, desde el marco de la ventana bebiente.

Vez hubo que aquellos signos silenciosos y lentos hiciéronla huir, corriendo cuanto lo permitía el entorpecimiento cada noche mayor de sus miembros timpanizados.

---

133 *Basquiña*: sobrefalda utilizada por las mujeres para salir a la calle y propia de los trajes tradicionales.

José María Llanas Aguilaniedo

IX

Uno a uno se sucedían los minutos, tardos, inacabables como pasar de siglos. Desde el alma fibrosa de un mueble, solitaria carcoma enviaba como recordatorio monótono el seco anuncio de su trabajo y en torno a la luz que esclarecía el cuarto, dos insectos de plata describían estrechos círculos precipitándose contra el vidrio que la encerraba, recobrando en el nuevos bríos para seguir moviéndose desorientados y vacilantes.

Berta, sofocada par el dolor se contraía, sentada en el mullido de un diván, separados los brazos cuyas manos oprimían convulsivas el mueble.

De tanto en tanto gemidos involuntarios, gritos a medio velar se le huían de la garganta angustiando los ya faltos espíritus de Adela, que frente a ella esperaba el desenlace.

Un aura fresca y aromosa penetraba del exterior. La noche en fiesta, perfumada, filtrábala a través de la ventana insaciable.

La enferma quiso gozar sin luz de aquella natural caricia.

Aspirábala con los sentidos dilatados en los momentos de paz que la cruenta moción de sus entrañas le concedía.

La tortura comenzaba nuevamente tras ellos y doblaba la cabeza humedeciendo el brazo con el sudor de agonía que a raudales manaba de su frente.

Tardaba en llegar el médico avisado para asistirla.

Por momentos la ansiedad de la madre era más viva y su inquietud menos disimulada; al fin se presentó; parecía inteligente y joven. Varios años de abrumadora vida rural no habían podido borrar de su rostro las resueltas líneas que revelan al adolescente afinado por la labor universitaria y mayor actividad del centro. Brillaban sus pupilas con esas luces serenas y elevadas que los maestros tanto gustan ver en ojos del discípulo; la inteligencia pura y atenta que se adelanta para enterarse y posesionarse mejor de cuanto va a comunicársele.

Paseaba tranquilo por la estancia, examinando de tiempo en tiempo la enferma, y distrayendo a Adela como mejor podía a beneficio de un conversar ameno y sedativo.

Clara salió a poco despachada con la misión de traer lo necesario; cuanto él había prescrito. Se oyó el batir de sucesivas puertas y el seco crujir del arrecife arenoso bajo los pies de la anciana.

Por el camino iba ésta haciendo reflexiones sobre el caso, recordando a su pesar los viejos tiempos de su caída.

Menos copiosa en incidentes, la vida femenina abunda en comentarios a propósito de ellos. Habitúase la razón a trabajar sobre unos cuantos sucesos invariables, no siendo la posterior existencia más que consecuencia de ellos amargada por un continuo reproche que el ajeno ejemplo se encarga de renovar.

Las ramas avanzadas de los árboles como sombríos guardianes del camino la inquietaban. Descubríalas de lejos con sus formas atentas, caprichosas y sentía temor. Maquinalmente sus labios se entreabrían para expirar invocaciones y rezos miedosos.

Su imaginación fantaseaba acerca del malvado que pudo mancillar la pureza misma como Berta era a sus ojos.

Establecía a su pesar comparaciones con el que muchos años antes la venció y abandonó después.

—Aquel como este –repetía marchando– este como aquel.

Un mochuelo alejado latió para ella su quejido monótono.

Diríasele salido de la tibia nostálgica y dulce de un solitario. Contra su ritmo espaciado y sencillo mil otras voces amigas de la noche protestaban acordes, con fluyente cantar que ascendía continuo hasta los cielos.

A tenor de ellas, las interiores hablaban en la anciana representándole su idilio único y primero; la real fascinación en ella ejercida por la juventud y riqueza del amante, la rendición suprema de su don, entre sollozos y ansias de adoración que no cuidaba de recatar, ofreciéndola por el contrario como razón sobrada de su entrega...

Un pájaro rió siniestramente en el bosque; sus notas secas, escandalosas, sabían a burla; repetían como golpes de carcajada demoníaca.

Clara se santiguó, marchando siempre hacia el vecino pueblo.

Los claros de la luna figuraban de lejos fantasmas expectantes disimulados tras velos cerúleos.

Según se iba acercando le parecieron ropas blancas, adornos, blondas y encajes de canastillas... Dentro de sí misma halló por último la imagen del hijo que perdió, del que le robaron sin verle una sola vez pegado a sí, bebiendo afanoso la vida sobrante que a raudales le desbordaba entonces.

La mujer se detuvo anhelante. Un sudor de congoja inundaba su cuerpo, algunas lágrimas surcaron abrasando la piel satinada de las mejillas.

La nocturna cantora había dejado de latir. Mayaba irónica como infernal felino que se quejara huyendo.

Cuando la vieja sirvienta pisó de nuevo el umbral de la casa le admiraron la quietud y el silencio que dentro se advertían. Dióse prisa para llegar al cuarto de su ama.

Los sucesos habían caminado más rápidos que ella.

En el sosegado aposento, una rosada luz entrevelaba y misteriorizaba todo.

Reposaba Berta sin fuerzas, exhausta en el lecho protector y afable obscureciendo una enorme pincelada negruzca la mejilla y el párpado de aquel rostro, maltratado por la demacración muy cruelmente en pocas horas.

A su lado y apoyada en un cabezal de raso, Adela contemplábala, muriendo de ansiedad y amor junto a su hija. Su mundo estaba allí y su vida entera compendiada.

Clara vio también al opuesto lado, la cuna que días antes dispusiera para recibir al fruto nuevo.

Al acercarse, la emoción hacíala dentellear.

Dormía en ella al parecer el niño, tranquilo, blanquecido, agarrotadas y en alto las manos, exangüe el rostro y paralizado, sin una contracción; sin el más leve asomo de movimiento.

Clara miró con toda la fuerza de sus ojos.

Aquel trozo blanduzco de carnes arrugadas, como homúnculo disforme, marfileño, infundía un terror lento y espantoso.

Muerto apenas nacido, habíanle dejado allí para calmar la alteración de Berta que le quería con vida como logrado galardón tras afanes tan duros.

Solo verle, había sido para ella motivo de gozo y exultación; secreto alumbrador del primer llanto que la alegría le hiciera derramar.

Varias veces había preguntado por él. Extrañaba no verle, no sentirle agitarse junto a sí y con voz apagada lo pedía como don merecido e inalienable.

Tranquilizóse al fin creyéndole dormido, y ella misma acabó por rendirse a la fatiga.

Las dos mujeres se miraron.

Reinaba en aquel lugar una calma de muerte que hacía daño; parecía la lámpara rosada iluminar un interior de cripta, sosiegos tumularios cuya alma extática deprimía.

Cambiadas algunas palabras, Clara salió para recibir las últimas instrucciones del facultativo y reposar a su vez.

El cansancio y el gasto emocional superiores a cuanto sus años podían soportar vencieron también a Adela. Quedó reclinada junto al cuerpo doliente de su hija. Aquel alejamiento se prolongó harto más tiempo del que a una y otra convenía.

Al exterior ladraban los perros.

Avanzaba la noche con indolente paso de enamorada romántica, prolongando los árboles su sombra como amables testigos, sobre cercas, caminos y paredes. El paisaje en reposo, esperaba, incubaba tal vez un suceso bajo el flujo viviente que la luna, suspensión argentada, desde su reino de cristal difundía.

Ni un solo rumor, ni el más leve soplo interrumpían dentro el sueño que postraba a la joven. Hubiera podido escucharse el roce de los átomos.

Deslizábanse las imaginaciones bajo su frente agostada dejando cada una en ella un surco; veíaselas correr contrayendo fibras, detenerse y tornar, sorprender a la dormida conciencia y llenar de temores el alma. Alguna vez una lágrima asomaba temblando en el ángulo del ojo y derramábase luego humedeciendo la faja cárdena de la mejilla.

Era el sordo trabajo del amor que agitaba por dentro sombras confusas, expansiones dichosas de bienaventuranza.

Habíanla recomendado absoluto reposo; su vida como pendiente de incorpóreo rayo fluctuaba en aquel cuerpo combatido buscando una ocasión de desprenderse y abandonarlo. El rayo al fin acabó por quebrarse y la vida comenzó a fluir a borbotones, en la inconsciencia de ella y en la de todos.

Despertó sintiendo una debilidad extrema, una gran pesadez y zumbar de oídos.

Experimentaba dificultad muy grande para coordinar y darse cuenta de las cosas.

El instinto hizo que su primera mirada fuese para el hijo, tendido como un despojo cerca de ella, al aire la cara cerosa, prominentes los labios, rubias y apenas señaladas las líneas inabiertas de los párpados, despobladas las cejas y cabeza. Hubiera querido estrecharle, oprimir silenciosa sus labios contra aquellos que se adelantaban buscando al parecer una caricia; la suya.

Con creciente e inquieta atención comenzó a contemplar aquella fisonomía informada; sorprendíale tanta inmovilidad, la quietud mineral de las facciones.

Un insecto llegó volando a posarse sobre la piel terrosa. Recorrió primero la frente en diversos sentidos, descendió por los párpados y siguiendo el surco de la mejilla llegó hasta la boca anemiada. Allí se detuvo tratando sin duda de beber el beso que Berta ansiaba para sí.

Los giros y carreras del insecto no habían provocado un reflejo; ni una sola contracción en la piel del infante. La joven tuvo un pensamiento angustioso, batiéndole el corazón con violencia. Sentía desgarrársele el pecho a cada latido.

Como desde el sitio en que estaba le era imposible llegar con la mano hasta la cuna, se arrojó del lecho, vacilante.

Un desvanecimiento súbito nubló su vista desplomándola sobre las ropas mismas en que descansaba la cabeza desnuda de su hijo.

El frío de reptil que halló en aquella carne blanda, macerada, le produjo un efecto instantáneo de repulsión y espanto. El sentimiento de lo sobrenatural corrió como un escalofrío sus fibras terrificándola.

Tomó el niño con sus manos, lo agitó y sacudió y comprendiendo al fin cuanto aquella inmovilidad significaba, salió con él corriendo en la obscuridad de las distintas estancias hasta la abierta ventana donde lo alzó para ofrecerlo enloquecida, como un reproche o como víctima expiatoria, al Dios grande y solemne de sus últimos años, al que había sentido animando los mundos cuando horas antes en los momentos que el horrible dolor le dejaba libres, miraba al cielo y se extasiaba ante su serenidad sublime.

Las fuerzas la abandonaron cayendo al fin desvanecida con el fruto fallido de sus amores.

Un soplo imperceptible de ave herida entreabría débilmente sus labios de púrpura. El brazo fino y curvo servía de apoyo a la frente, a la cabellera desbordante.

Por las entrañas desgajadas, abiertas, se escapaba la vida, manando copiosas como fuente cruenta e inagotable.

Una racha ligera agitó al exterior las hojas pasivas de los árboles. Aullaron los perros como suelen hacerlo ante enemigos invisibles o cuando el temor turba su sueño.

En el límite del horizonte, un disco enorme, encendida pupila de atlante se apoyaba.

Era la luna que moría, enviando sus luces a través de vapores ensangrentados.[134]

....

Difícil sería concretar cómo la noticia de esta desgracia corriendo poblados y atravesando tierra, llegó) por fin a ser conocida de Álvaro, sorprendiéndole en la estéril languidez de una vida inactiva y enferma.

Nunca faltan personas tan interesadas en la vida y sucesos de los demás como en los suyos propios. Estas u otra cualquiera tomaron a su cargo secretear y correr la nueva, llegando hasta el retiro del joven poco más desfigurada de como en realidad había sucedido.

Tiempo hacía que siguiendo la pendiente de una misantropía obscura y progresiva había Pacheco cerrado la puerta a toda influencia exterior gustando más de desvanecerse hora tras hora en un soñar incoherente y vago que le ablandaba quitándole poco a poco todo deseo de acción.

Desde la mañana a la noche el tiempo discurría para él baldío sin llevar su vida un incidente, sin traerle de fuera una sola emoción que turbase o sacudiera la pereza invencible de su espíritu.

Como si la animación y la juventud del alma al abandonarle le hubieran disminuido resistencia para abarcar, dominar y comprender

---

134 Merece la pena comentar esta última escena en la que conviven, como en buena parte de la novela, dos elementos prácticamente contradictorios: por un lado, que el bebé nazca muerto no hace si no apuntalar la funesta herencia patológica y degenerativa transmitida por Don Zenón y Berta y agitar el fantasma del agotamiento y la desaparición de la raza; por otro, el tratamiento literario de la escena tiene mucho en común con el simbolismo en su estilización, lirismo y sutileza.

los hechos de considerable alcance, esquivaba cuantos hasta él pudieran llegar, deteniéndose en lo pequeño, en el reducido mundo artificial de que quiso rodearse, al cual observaba con visión microscópica y detalladora de inteligente recluido[135].

Prematuramente cansado de la vida que en los últimos meses pasaba inútilmente por sus rendidos nervios sin hallar uno solo en pleno vigor, experimentaba una complacencia tibia y suave en aquel voluntario alejamiento para el cual el mayor enemigo era el recuerdo.

Había hecho llegar lo mejor y más preciado de cuantos objetos artísticos guardaba su casa, acumulados en el transcurso de los años por el gusto y la curiosidad depurados de sus antecesores.

Adornaban desde entonces su celda muebles antiguos de factura alemana, en cuyas tablas lustrosas y férreos cierres habían dejado retratados artísticos apasionamientos, viejos maestros cuyo mayor elogio estaba hecho considerando que quisieron y lograron disimularse bajo el anónimo; diferentes esmaltes de Limoges, mayólicas[136] que en su vidriada superficie ofrecían a los ojos dichosos, lemas y escenas primitivas de amor cumplido; porcelanas de mérito, joyas raras, exóticas, logradas a fuerza de merecimientos de reales manos dadivosas.

Acompañando a su tesoro el joven se sentía renacer. Ya no eran las nostálgicas solitudes anteriores, atormentadas de distintas maneras. A falta de personas y seres reales con quien comunicar, tenía para entretenimiento y distracción de los sentidos un mundo vario animado por el soplo del genio que supo para mayor efecto colocar en actitudes extremas, los personajes y las pasiones que encarnaban.

La historia de muchas civilizaciones tenía allí su compendio, encerrándola en floración brillante y atractiva los bajo-relieves y tallas, los vasos complicados, los viejos esmaltes, y filigranas de oro, las estatuillas y trabajos en madera y marfil españoles o italianos, las góticas cruces de labor meritísima, los restos de corales sillerías con sus dragones y alimañas burlescas saliendo de entre el ramaje retorcido.

De día, todas aquellas representaciones variadas tenían su valor claro; despertaban ideas concretas en el alma admirada. Con luces crepusculares vivían de modo distinto; los relieves modificaban sus

---

135   El gesto final de Álvaro, la reclusión en un mundo artificial y su dedicación a la búsqueda de sensaciones y efectos estéticos tiene como trasfondo literario, por no decir, como inspiración directa la novela señera del decadentismo, *À rebours* (1884) de J.K.Huysmans, dedicada precisamente a desgranar con todo detalle el entorno que rodea a su protagonista, el Duque Jean Floressas des Esseintes, personaje con el que comparte muchas similitudes.

136   *Mayólica*: tipo de loza con esmalte metálico.

líneas, los gestos se hacían más duros, más expresivos, tomaban las figuras apariencias de quimeras; la imaginación padecía asombrada.[137] Alguna vez, en aquella hora grave, penetrando el joven la vanidad y artificio de sus sentimientos, los del medio que gustó de crear a su alrededor, desfallecía oprimido por un abatimiento que le ahogaba; abriendo entonces artísticas vidrieras dejaba al aire fresco, montano, inundar el cuarto y orearle.

Los pulmones se le dilataban reconocidos mientras con ojos velados por la emoción moría de invencible aniquilamiento ante el declinar sublime de la gran naturaleza que en el confín distante dibujaba inspirada colinas, animados perfiles de montañas, siluetas de arbolado sobre franjas grana y púrpura.

Evitaba con un cuidado riguroso ver a los mismos que le servían, ingeniándose de modo que cuantas cosas u objetos necesitaba del exterior, llegasen a él por intermedio de mecanismos accionados desde fuera sin haber de sufrir el intolerable tormento que la vista de un semejante le causaba.

Como otros héroes novelescos o reales del aislamiento dedicóse a afinar en la soledad sus sentidos penetrando por intermedio de cada uno el intenso mundo de sensaciones placenteras susceptibles de ser ofrecidas al ánimo curioso.[138]

Con los datos de observación que esta rara y extremada experiencia le proporcionaba, construía sistemas, elevaba singulares filosofías o intuía concepciones artísticas, campeando sobre todo ello el sujeto gustador y delicado, la propia persona descontentadiza y hastiada que fija en un centro invariable gustaba de ver girar las cosas y el universo mismo en torno suyo. Rodeábase de las más inspiradas creaciones de Flora amando y poetizando entre otras las estefanotis y clemátides solo porque las primeras con sus innúmeras corolas ofrecíanle reducciones de estrellados cielos en los cuales las grandes clemátides lucían como enormes astros silenciosos[139].

---

137   Una vez más aparece el tópico del crepúsculo, aunque en este caso la metáfora se intensifica al hace especial hincapié en la modificación de la percepción del mundo bajo esa luz.

138   Como se ha apuntado anteriormente, la deuda de este pasaje con otros textos literarios y particularmente con *À rebours* es evidente. Además de la alusión a «otros héroes novelescos», la experimentación estética con las flores, la colección de obras de arte, la extravagancia en el vestir o la combinación y la estimulación –o adormecimiento de los sentidos– a través de experiencias sensoriales conectan la novela de Huysmans con la de Llanas.

139   La estefanotis, conocida como jazmín de Madagascar, se caracteriza –como indica el texto– por su floración en ramilletes, contra los que se destacan las clemátides, características por su vivo tono azul.

Otras veces se ofrecía reducidas praderas esmeralda con el fin de deleitarse viendo asomar y contrastar sobre ellas, hojas de sanseverias y faleonopsias[140] que simulaban élitros inquietantes de monstruosos y cebreados insectos; o bien consentía a corta distancia de la casa pestilentes fosos cenagosos, por el solo capricho de sorprender en ellos la aparición de parnaseas, flores santas de virtud, vencedoras entre la podredumbre circundante.

Decidió vestir como lo hacían en la antigua Roma, adornándose cuello, muñecas y la garganta del pie con torquis[141], armillas y spinteres que entre otras joyas latinas guardaban sus colecciones.

Hacía combinaciones sabias de perfumes, diferentes cada día, que llevaban a su olfato sensaciones de vidas, cosas y hechos sinnúmero y paseaba las distintas estancias como un poeta clásico, ceñidas las sienes por una corona de campanillas blancas, donde la flor delicada de los hielos labrada en plata ofrecía a la vista pupilas verdes simulando centellas de esperanza.

Gustaba en la mesa de raros a inauditos manjares, bebiendo hasta la embriaguez en copas de oro, viejos ostensorios[142] de la divinidad fabricados por célebres orfebres para el tesoro de las antiguas catedrales. Al tocar con sus labios los bordes consagrados, experimentaba una alteración de todo su ser que le hacía oprimir el cáliz con repentino ademán contra su pecho, elevándolo luego y apurando el contenido en honor al genio soberano que hacía gemir su corazón sofocado por emoción sobrenatural.

Con estas y otras divagaciones de su alma afectiva, trataba Álvaro de ilusionarse a sí mismo y llenar, en parte por lo menos, el horrible vacío que sentía aniquilarle.

Habían vuelto sus noches angustiosas, turbadas por sombras, por el terror sin base; las mañanas de fatiga invencible, de descontento abrumador.

Una fiebre se apoderó de él consumiéndole hasta inmovilizarlo en el lecho. Durante el delirio oraba y llamaba a Berta invocando su nombre como una salvación.

Cuando triunfante su juventud de aquel trastorno pudo al fin co-

---

140   La sanseveria y la faleonopsis sin duda, ofrecen un intenso contraste: la primera es una planta perenne, crasa, de hoja coriácea cuya forma recuerda a una espada mientras que la segunda es un tipo de orquídea caracterizada por su exuberante floración.

141   Se refiere a joyas de época romana: el torquis es un collar mientras que las armillas y los spinteres son brazaletes.

142   *Ostensorio*: custodia utilizada en procesiones.

nocer horas apacibles bajo el afán de un sol que le enviaba alientos de revivencia y fortaleza, recibió sellada por rúbrica desconocida la noticia, la terrible e inesperada noticia bastante por sí sola para avivar las centellas dormidas de su pasión.

Sucesivamente fueron alzándose dentro de él cuantos velos tuvieron hasta entonces oculta la imagen de la amada y, por primera vez en mucho tiempo sintió dolor, dolor hondo y sincero ante el recuerdo de ella.

Poco a poco el encanto de aquel amor pasado volvió a apasionarle los sentidos que encontraban en cactus y en objetos, en menudos detalles conmemoradores materia sobrada para la adoración.

Con frecuencia, sentado ante el paisaje, paseando el jardín que mortecía, se dejaba asaltar por la tristeza de aquel gran bien perdido; sentía una desolación inmensa invadirle y crecer.

El recuerdo de María de los Ángeles pasaba por su mente e imaginábala todavía pereciendo como él de languidez, de extraña debilidad para el amor.

Los mismos árboles agitaban las ramas a su paso. Las mismas plantas sosegadas le veían hacer, inclinaban sus tallos contemplándole.

En muchas ocasiones durante aquellas sus soledades de convaleciente repasaba o leía cuanto de Berta conservaba sintiéndola revivir, apoyar en su corazón, aspirarle, beberle el alma con ojos adorantes a continuación quizá de prometer matarle.

Otras veces montaba el fonógrafo, haciéndole repetir fragmentos, de los que ella solía cantar comunicándoles algo de su propio ser. El aparato cerdeaba en la sombra, elevándose al fin la voz, doliente, como venida de otro mundo, para despertarle y atribularle. Parecía gemir cantigas tristes, recuerdos de cautiverios y dolorosos azares sonando, distante unas veces, otras próxima, intensa, salpicada de acentos metálicos, como gritos de víctima en tormento.

Solían estas repeticiones perturbarle y sumirle en atroces melancolías. De nuevo la representación de su vida inútil y sin finalidad le torturaba, contemplándose vacilante y mal orientado, doblando a riesgo de tumbar bajo encontradas rachas, sobre el mar de la vida donde tantas veleras existencias marchaban seguras, como flechas bien dirigidas.

Siempre al considerarlas había envidiado su adelantar vibrante, inclinadas graciosamente sobre una banda rasgando la movida superficie con susurro de sedas entre espumas y encajes hirvientes. Comparada con ellas encontraba su propia vida lenta, pesada e insoportable llegando a aborrecer cuantas agradables o ingratas sensaciones pudiera ofrecerle.

Un día que apoyado en el quicio de ojival vidriera veía al sol nacer, elevarse sobre la línea de los montes, se sintió acometido de repentino vértigo resbalando su cuerpo hasta que el codo de una virgen de piedra le retuvo.

Era aquella una escultura sacada de un contrafuerte de catedral gótica. Cubría su alto cuerpo sin curvas una túnica de pliegues verticales, llevando calzado un guante y cogido el otro con la misma mano. Adornaba su cabeza una corona, de aro sencillo con gemas esculpidas.

Representaba ser la estatua de alguna princesa de la época o mujer principal.

Aquella escultura reía risa abierta, incesante, de mujer satisfecha. Había en la cara dilatada y carnosa, septentrional, una alegría animal que molestaba.

Parecía viva.

Con la mano libre señalaba burlescamente el enervado cuerpo de Álvaro.

El contraste resultaba grotesco, doloroso de ver como una catástrofe.

Más piadoso el gran padre solar envió como una bendición un haz de rayos, que penetrando la cromada vidriera iluminó con gloriosos topacios la cabeza y el torso abatidos del pobre inadaptado[143].

---

143 El cierre de la novela, con el uso de un término tan marcado como «inadaptado» no deja lugar a dudas en cuanto a la condición de Álvaro como sujeto incapaz de encajar el paradigma de la subjetividad normal. Por otra parte, la escena es muy sugerente en tanto que el vértigo de Álvaro se produce al contemplar la salida del sol; no hace falta insistir en el contraste con el *leitmotiv* del sol crepuscular, pero sí señalar el pesimismo de la escena en la que parece apuntarse el inevitable desmoronamiento de los sujetos inadaptados como Álvaro ante el «nuevo día». Igualmente, la figura femenina de aire saludable y septentrional remite a una dicotomía entre salud/enfermedad, norte/sur que había sido ampliamente desarrollada en los debates culturales del período en los que la lamentación por la decadencia de la raza latina frente a la pujanza de las razas septentrionales había sido tema recurrente. La muerte de Berta y el abatimiento de Álvaro parecen apuntar un final pesimista para estas subjetividades tan representativas de la contemporaneidad.

Thank you for acquiring

Navegar pintoresco

from the
Stockcero collection of Spanish and Latin American significant books of the past and present.

This book is one of a large and ever-expanding list of titles Stockcero regards as classics of Spanish and Latin American literature, history, economics, and cultural studies. A series of important books are being brought back into print with modern readers and students in mind, and thus including updated footnotes, prefaces, and bibliographies.

We invite you to look for more complete information on our website, **www.stockcero.com**, where you can view a list of titles currently available, as well as those in preparation. On this website, you may register to receive desk copies, view additional information about the books, and suggest titles you would like to see brought back into print. We are most eager to receive these suggestions, and if possible, to discuss them with you. Any comments you wish to make about Stockcero books would be most helpful.

The Stockcero website will also provide access to an increasing number of links to critical articles, libraries, databanks, bibliographies and other materials relating to the texts we are publishing.

By registering on our website, you will allow us to inform you of services and connections that will enhance your reading and teaching of an expanding list of important books.

You may additionally help us improve the way we serve your needs by registering your purchase at:
http://www.stockcero.com/bookregister.htm